Zhongguo Wenhua
Zhishi Duben

中国文化知识读本

主编 金开诚

编著 陈长文

承德避暑山庄与外八庙

吉林出版集团有限责任公司

吉林文史出版社

图书在版编目（CIP）数据

承德避暑山庄与外八庙 / 陈长文编著 . 一长春：
吉林出版集团有限责任公司：吉林文史出版社，2009.12（2022.1重印）
（中国文化知识读本）
ISBN 978-7-5463-1942-1

Ⅰ . ①承… Ⅱ . ①陈… Ⅲ . ①宫苑 – 简介 – 承德市②
寺庙 – 简介 – 承德市 Ⅳ . ① K928.702.23

中国版本图书馆 CIP 数据核字（2009）第 236886 号

承德避暑山庄与外八庙

CHENGDE BISHU SHANZHUANG YU WAIBAMIAO

主编/ 金开诚 编著/陈长文
责任编辑/曹恒　崔博华 责任校对/王新
装帧设计/曹恒 摄影/金诚 图片整理/王贝尔
出版发行/吉林文史出版社 吉林出版集团有限责任公司
地址/长春市人民大街4646号 邮编/130021
电话/0431-86037503 传真/0431-86037589
印刷/三河市金兆印刷装订有限公司
版次 /2009 年 12 月第 1 版 2022 年 1 月第 4 次印刷
开本/ 650mm×960mm 1/16
印张/8 字数/30千
书号/ISBN 978-7-5463-1942-1
定价/ 34.80元

关于《中国文化知识读本》

　　文化是一种社会现象，是人类物质文明和精神文明有机融合的产物；同时又是一种历史现象，是社会的历史沉积。当今世界，随着经济全球化进程的加快，人们也越来越重视本民族的文化。我们只有加强对本民族文化的继承和创新，才能更好地弘扬民族精神，增强民族凝聚力。历史经验告诉我们，任何一个民族要想屹立于世界民族之林，必须具有自尊、自信、自强的民族意识。文化是维系一个民族生存和发展的强大动力。一个民族的存在依赖文化，文化的解体就是一个民族的消亡。

　　随着我国综合国力的日益强大，广大民众对重塑民族自尊心和自豪感的愿望日益迫切。作为民族大家庭中的一员，将源远流长、博大精深的中国文化继承并传播给广大群众，特别是青年一代，是我们出版人义不容辞的责任。

　　《中国文化知识读本》是由吉林出版集团有限责任公司和吉林文史出版社组织国内知名专家学者编写的一套旨在传播中华五千年优秀传统文化，提高全民文化修养的大型知识读本。该书在深入挖掘和整理中华优秀传统文化成果的同时，结合社会发展，注入了时代精神。书中优美生动的文字、简明通俗的语言、图文并茂的形式，把中国文化中的物态文化、制度文化、行为文化、精神文化等知识要点全面展示给读者。点点滴滴的文化知识仿佛繁星，组成了灿烂辉煌的中国文化的天穹。

　　希望本书能为弘扬中华五千年优秀传统文化、增强各民族团结、构建社会主义和谐社会尽一份绵薄之力，也坚信我们的中华民族一定能够早日实现伟大复兴！

目录

一 承德避暑山庄与外八庙简介

承德避暑山庄又名承德离宫或热河行宫，位于今河北省历史文化名城——承德市中心区以北，武烈河西岸一带狭长的谷地上，距离北京230公里。它始建于康熙四十二年(1703年)，中经雍正帝，建成于乾隆五十七年（1792年），历时八十九年。山庄占地564万平方米，环绕山庄蜿蜒起伏的宫墙长达万米，是中国现存最大的古典皇家园林，相当于颐和园的两倍，北海公园的八倍。与北京紫禁城相比，避暑山庄以朴素淡雅的山村野趣为格调，取自然山水之本色，吸收江南塞北之风光。

当年康熙皇帝在北巡途中，发现承

承德风光

承德避暑山庄与外八庙

德这片地方地势良好，气候宜人，风景优美，又直达清王朝的发祥地——东北，是清朝皇帝家乡的门户，还可俯视关内，外控蒙古各部，于是选定在这里建行宫。康熙四十二年(1703年)开始在此大兴土木，疏浚湖泊，修路造宫，至康熙五十二年（1713年）建成三十六景，并建好山庄的围墙。

山庄的建筑布局大体可分为宫殿区和苑景区两大部分。宫殿区位于湖泊南岸，由正宫、松鹤斋、万壑松风和东宫四组建筑组成，地形平坦，是皇帝处理朝政、举行庆典和生活起居的地方，占地十余万平方米；苑景区又分为湖泊区、平原区和山区。湖泊区在宫殿区的北面，湖泊面积包

括州岛约占 43 公顷，有八个小岛屿，将湖面分割成大小不同的区域，层次分明，洲岛错落，碧波荡漾，富有江南鱼米之乡的特色。东北角有清泉，即著名的热河泉。平原区在湖区北面的山脚下，地势开阔，有万树园和试马埭，碧草茵茵，林木茂盛，尽展茫茫草原风光。山区在山庄的西北部，面积约占全园的五分之四，这里山峦起伏，沟壑纵横，众多楼堂殿阁、寺庙点缀其间。

　　整个山庄东南多水，西北多山，是中国自然地貌的缩影，内有康熙、乾隆钦定的七十二景，拥有殿、堂、楼、馆、亭、榭、阁、轩、斋、寺等建筑百余处。它的最大特色是山中有园，园中有山。

在避暑山庄东面和北面的山麓，分布着宏伟壮观的寺庙群，这就是外八庙，共占地 47．2 万平方米，其名称分别为溥仁寺、溥善寺（已毁）、普乐寺、安远庙、普宁寺、须弥福寺之庙、普陀宗乘之庙、殊像寺。外八庙金碧辉煌、雄伟壮观，如众星捧月，环绕山庄，它象征民族团结和中央集权。清朝建国初期，就奉行扶持喇嘛教的政策，以此笼络中国的西方和北方的少数民族。为此在营建避暑山庄的同时，在其周围依照西藏等地喇嘛教寺庙的形式修建喇嘛教寺庙群，供西方、北部少数民族的上层及贵族朝觐皇帝时礼佛之用。每处寺庙都像一座座丰碑，记载着清朝统一和团结的历史。这些庙宇多利用向阳山坡层层修建，主要殿堂耸立突出、雄伟壮观。

外八庙以汉式宫殿建筑为基调，吸收了蒙、藏、维等民族建筑艺术特征，在这里可以瞻仰西藏布达拉宫的气势、浏览日喀则扎什伦布寺的雄奇、领略山西五台山殊像寺的风采、欣睹新疆伊犁固尔扎庙的身影，还可以看到世界最大的木制佛像千手千眼观世音菩萨。外八庙创造了中国多样统一的寺庙建筑风格，寺庙殿堂中，完

承德普宁寺

承德避暑山庄与外八庙

山庄巧借地形山势建筑宫殿园林

好地保存和供奉着精美的佛像、法器等近万件，共同构成了18世纪中国古代建筑富于融合性和创造性的杰作。

山庄整体布局巧用地形，因山就势，分区明确，景色丰富，与其他园林相比，有其独特的风格。山庄宫殿区布局严谨，建筑朴素，苑景区自然野趣，宫殿与天然景观和谐地融为一体，达到了回归自然的境界。山庄融南北建筑艺术之精华，园内建筑规模不大，殿宇和围墙多采用青砖灰瓦、原木本色，淡雅庄重，简朴适度，与京城的故宫，黄瓦红墙，描金彩绘，堂皇耀目呈明显对照。山庄的建筑既具有南方园林的风格、结构和工程做法，又多沿袭北方常用的手法，成为南北建筑艺术完美结合的典范。

避暑山庄及周围寺庙是一个紧密关联的有机整体，同时又具有不同风格的强烈对比，避暑山庄朴素淡雅，其周围寺庙金碧辉煌。由于存在众多群体的历史文化遗产，使避暑山庄及周围寺庙成为国家级重点文物保护单位、全国十大名胜、全国首批二十四座历史文化名城和四十四处风景名胜保护区之一。

二 承德避暑山庄的文化

承德避暑山庄正门

（一）列入《世界遗产名录》

承德避暑山庄和周围寺庙于 1994 年根据文化遗产遴选标准被列入《世界遗产名录》。

世界遗产委员会评价：承德避暑山庄，是清王朝的夏季行宫，位于河北省境内，修建于 1703 年到 1792 年。它是由众多的宫殿以及其他处理政务、举行仪式的建筑构成的一个庞大的建筑群。建筑风格各异的庙宇和皇家园林同周围的湖泊、牧场和森林巧妙地融为一体。避暑山庄不仅具有极高的美学研究价值，而且还保留着中国封建社会发展末期的罕见的历史遗迹。

（二）避暑山庄的文化遗产价值

避暑山庄及周围寺庙，以其自身所具有的突出价值，构成世界文化遗产的重要组成部分。

它是清朝的园林式皇宫，具有丰富的社会政治历史意义。它是中国清朝皇帝为了实现安抚、团结中国边疆少数民族，巩固国家统一的政治目的而修建的一座夏宫。避暑山庄兴建后，清帝每年都用大量时间在此处理军政要事，接见外国使节和边疆少数民族政教首领，使这里成为清朝的第二个政治中心。乾隆在这里接见并宴赏过厄鲁特蒙古杜尔伯特台吉三车凌、土

承德避暑山庄围墙

承德避暑山庄的文化

尔扈特台吉渥巴锡，以及西藏政教首领六世班禅等重要人物，还在此接见过以特使马戈尔尼为首的第一个英国访华使团。清帝嘉庆、咸丰皆病逝于此。1860 年，英法联军进攻北京，清帝咸丰逃到避暑山庄避难，在这座房子里批准了《中俄北京条约》等几个不平等条约。影响中国历史进程的"辛酉政变"亦发端于此。随着清王朝的衰落，避暑山庄日渐败落。避暑山庄不仅有丰富的文化内涵，同时，是中国这一统一的多民族国家巩固和发展的象征，也是一部研究 18 世纪中国历史的教科书

承德避暑山庄水心榭

承德避暑山庄与外八庙

景色宜人的承德避
暑山庄

和一座拥有珍贵历史文化遗产的博物馆。这里发生的一系列重要事件、保留的重要遗迹和重要文物，成为中国多民族统一国家最后形成的历史见证。

避暑山庄及周围寺庙是中国古代帝王宫苑与皇家寺庙完美融合的典型范例。避暑山庄及周围寺庙产生于中国封建社会最后一个盛世——康乾盛世，历经康雍乾三代帝王，历时八十九年，集中全国人力物力建造而成。它是帝王苑囿与皇家寺庙建筑经验的结晶，成为与私园并称的帝王宫苑体系中的典范之作。园林建造实现了"宫"与"苑"形式上的完美结合和"理

承德避暑山庄普宁寺迎来众多前来观光的游客

朝听政"与"游戏娱乐"功能上的高度统一。寺庙建筑群也同样具有鲜明的政治色彩和政治功用。

避暑山庄及周围寺庙，是中国现存最大的古代帝王苑囿和皇家寺庙群，它标志中国古代造园与建筑艺术的巨大成就。它集中国古代造园艺术和建筑艺术之大成，是极具创造力的杰作。在造园上，它继承和发展了中国古典园林"以人为之美入自然，符合自然而又超越自然"的传统造园思想，总结并创造性地运用了各种造园素材、造园技法，使其成为自然山水园与建筑园林化的杰出代表。在建筑上，它继承、

承德避暑山庄与外八庙

承德避暑山庄普陀
宗乘庙五塔门

发展并创造性地运用各种建筑技艺，撷取中国南北名园名寺的精华，仿中有创，表达了"移天缩地在君怀"的建筑主题。在园林与寺庙、单体与组群建筑的具体构建上，避暑山庄及周围寺庙实现了中国古代南北造园和建筑艺术的融合，它囊括了亭台阁寺等中国古代大部分建筑形象。展示了中国古代木架结构建筑的高超技艺，并实现了木架结构与砖石结构、汉式建筑形式与少数民族建筑形式的完美结合。加之建筑装饰及佛教造像等中国古代最高超技艺的运用，构成了中国古代建筑史上的奇观。

承德避暑山庄的文化

承德避暑山庄远景

避暑山庄及周围寺庙是世界了解中国文化的实物资料。避暑山庄及周围寺庙不论是造园还是建筑，都不仅仅是素材与技艺的单纯运用，而是把中国古典哲学、美学、文学等多方面文化的内涵融注其中，使其成为中国传统文化的缩影。

正因为如此，这样一座具有世界性突出普遍价值的艺术杰作，只有列入世界文化遗产加以保护才能使其得以永久传世，并更好地发挥其所具有的世界意义。

三 承德避暑山庄的历史

康熙二十年(1681年)，清政府为加强对蒙古地方的管理，巩固北部边防，在距北京三百五十多公里的蒙古草原建立了木兰围场。每年秋季，皇帝带领王公大臣、八旗军队乃至后宫妃嫔、皇族子孙等数万人前往木兰围场行围狩猎，以达到训练军队、固边守防之目的。为了解决皇帝沿途的吃、住，在北京至木兰围场之间，相继修建二十一座行宫，热河行宫——避暑山庄就是其中之一。

避暑山庄，从康熙四十二年(1703年)开始兴建，到乾隆五十七年(1792年)竣工，历时八十九年，经历了康熙、雍正、

承德避暑山庄石刻

承德避暑山庄与外八庙

乾隆三代皇帝。整个营造过程，大体分为康熙初建和乾隆扩建两个阶段。

第一阶段：承德避暑山庄之康熙初建阶段（1703－1713年）。

康熙皇帝亲自"择址相地"相中了热河这块风水宝地，决定在这里修建行宫。康熙四十二年（1703年），热河行宫正式破土动工。

首先是疏通河道，修筑堤坝，将武烈河向东推移，扩大热河行宫的面积。然后是开阔湖区，形成洲岛堤岸。按照古代"一池三山"之说修筑了芝径云堤、环碧岛、如意洲、月色江声岛。随着洲岛的形成，岛上的宫殿和湖畔的亭榭也相继竣工。到

承德避暑山庄金山岛

1708年，已经初步形成十六景：澄波叠翠、芝径云堤、长虹饮练、双湖夹镜、暖流暄波、万壑松风、曲水荷香、西岭晨霞、芳渚临流、金莲映日、锤峰落照、南山积雪、梨花伴月、石矶观鱼、莺啭乔木、莆田丛樾。随后，延熏山馆、水芳岩秀、云帆月舫、一片云、萍乡泮、龙王庙、金山岛也先后建成。

之后，又修建了正宫。正宫原来设在如意洲上，由于受洲岛的限制，宫殿狭小。康熙命人将万壑松风西南的土丘铲掉，形成一块宽敞开阔的台地，在这块台地上盖起了正宫。正宫建成后，康熙皇帝于康熙五十年题写了"避暑山庄"四个大字，刻制成镏金云龙陟匾挂于内午门上，热

承德避暑山庄水心榭

河行宫正式定名为"避暑山庄"。康熙将正宫的寝宫"烟波致爽"殿定为三十六景的第一景，与已经建成的建筑或景观组成三十六景，每一景都题诗写序，介绍其位置和意境。至此，康熙三十六景初具规模。

后来，在已经修好的澄湖、如意湖、上湖、下湖、西湖、半月湖这六大湖泊的基础上，又向东开辟了镜湖、银湖；在下湖的水闸上修建了三座重檐亭榭；在东湖区域内修建了"清舒山馆"；修建了高大的宫墙等。康熙五十二年(1713年)，避暑山庄已初具规模。

第二阶段：承德避暑山庄之乾隆扩建阶段（1741—1754年）。

乾隆皇帝即位后，对避暑山庄进行了

承德外八庙

大规模扩建，增建宫殿和多处精巧的大型园林建筑。乾隆仿其祖父康熙，以三字为名又题了"三十六景"，合称为避暑山庄七十二景。

康熙五十二年至乾隆四十五年（1713—1780年），伴随避暑山庄的修建，周围寺庙也相继建造起来。后来统称为"外八庙"。

中华人民共和国成立以后，避暑山庄及周围寺庙得到了充分重视和妥善保护。

2007年5月8日，承德避暑山庄及周围寺庙景区经国家旅游局正式批准为国家5A级旅游景区。避暑山庄与北京的颐和园、苏州的拙政园、苏州的留园并称为中国四大名园。

四 承德避暑山庄的布局

避暑山庄借助自然和野趣的风景，形成了东南湖区、西北山区和东北草原的布局，共同构成了中国版图的缩影。避暑山庄这座清帝的夏宫，以多种传统手法，营造了一百二十多组建筑，融会了江南水乡和北方草原的特色，成为中国皇家园林艺术荟萃的典范。避暑山庄按照地形地貌特征进行选址和总体设计，完全借助于自然地势，因山就水，顺其自然，同时融南北造园艺术的精华于一身。它是中国园林史上一座辉煌的里程碑，是中国古典园林艺术的杰作，享有"中国地理形貌之缩影"和"中国古典园林之最高范例"的盛誉。

承德避暑山庄的建筑布局大体可分为宫殿区和苑景区两大部分。

（一）宫殿区

宫殿区位于避暑山庄南部，是皇帝处理政务和帝后居住的地方，占地10.2万平方米，是山庄总面积的五十分之一。东北接平原区和湖区，西北连山区。其建筑形式采取北方四合院式布局，层层递进，纵深发展。主体建筑居中，附属建筑置于两侧，基本均衡对称，充分利用自然环境而又加以改造，使自然景观与人文景观巧

承德避暑山庄水上楼阁

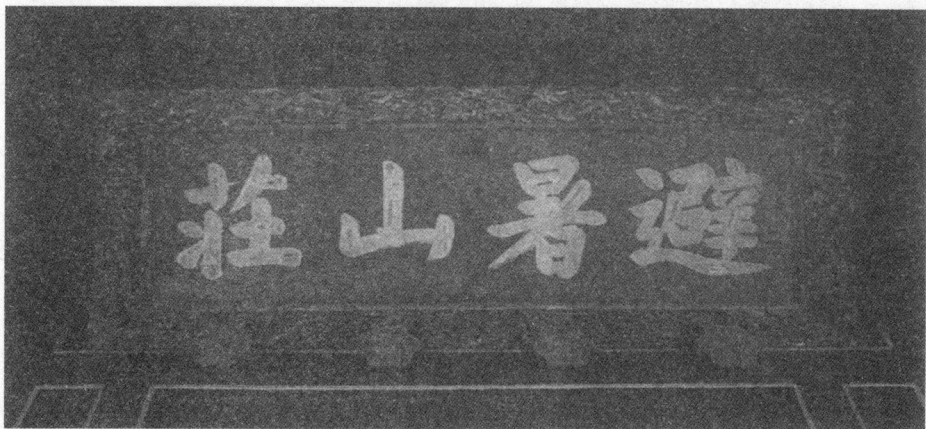

妙结合，使避暑山庄宫殿建筑园林化。整个建筑全部采用青砖灰瓦，不施重彩，形成朴素淡雅之格调，同时又显示出皇家园林的气派。

宫殿区由正宫（被辟为避暑山庄博物馆）、松鹤斋、东宫（已毁）和万壑松风四组建筑组成。正宫是宫殿区的主体建筑，包括九进院落，分为"前朝""后寝"两部分。主殿叫"澹泊敬诚"，用珍贵的楠木建成，因此也叫楠木殿。宫殿区是清帝理朝听政、举行大典和寝居之所。建筑风格朴素淡雅，但不失帝王宫殿的庄严。正宫现辟为博物馆，陈列清代遗留下来的宫廷文物。正宫区藏有珍贵文物两万余件。其后的殿堂分别叫"四知书屋""烟波致爽""云山胜地"等，是皇帝处理朝政、读书和居住的地方。"烟波致爽"殿是一

承德避暑山庄的布局

承德避暑山庄一景

座五开间平房。

1. 正宫

正宫是宫殿区的主体建筑，正宫建于康熙五十年至五十二年，乾隆十九年（1754年）重新修缮，改建。它南起丽正门，北邻塞湖，西连群山，东接松鹤斋，占地10000平方米。

根据我国古代天子"身居九重"的传统，在此建造了九进院落，分别是丽正门、午门、阅射门、澹泊敬诚殿、四知书屋、十九间照房、烟波致爽殿、云山胜地楼、岫云门等。主体建筑位于中轴线上，两侧对称置有配殿和回廊等。

整个正宫以万岁照房分为前朝、后寝两大部分。前朝是皇帝处理军机政务的"办公区"，主体建筑是澹泊敬诚殿（俗称楠木殿）、四知书屋。后寝是皇帝和后妃们日常起居的"生活区"，主要建筑是烟波致爽殿、云山胜地楼东所和西所。在建筑格调上，前朝庄严肃穆，后寝则广植花木、堆垒假山，透着几分园林气息。正宫的背后（北面及东北、西北）是避暑山庄的苑景区，再后是扇形排开的十二座皇家寺庙，这种众星捧月式的布局是"皇权至圣至尊""天下皇帝为中心"思想的体现。

2．松鹤斋

康熙时，皇太后来避暑山庄，居住在西峪的松鹤清樾。乾隆十四年（1749 年），乾隆帝在正宫东面另建一组八进院落的建筑，题名松鹤斋，以供皇太后居住。当年，松鹤斋内"常见青松蟠户外，更欣白鹤舞庭前"。庭院中还有驯鹿悠游其间。绥成殿后依次有照房十五间，门殿三间，大殿七间名为乐寿堂，后改名为悦性居，是皇太后的寝宫。绥成殿、十五间照房、门殿建筑早已无存。乐寿堂仅剩基址，1998 年复建。

3．东宫

在松鹤斋的东面，地势比正宫和松鹤斋低。东宫的前面宫墙上另辟大门，称德汇门，为重台城门，形制与丽正门相仿。

承德避暑山庄松鹤斋畅远楼

承德避暑山庄的布局

承德避暑山庄万壑松风

进入德汇门后，中轴线上的主体建筑依次有门殿七间、正殿十一间、清音阁、福寿阁、勤政殿、卷阿胜境殿。1945年，东宫失火被烧毁，现仅存基址。其中，清音阁俗称大戏楼，与现存故宫畅音阁、颐和园中德和园大戏楼形式相近，阁高三层，外观雄伟。

4. 万壑松风

康熙帝经常在这里接见官吏，批阅奏章，读书写字。1722年，康熙发现皇四子和硕雍亲王胤禛之第四子弘历（乾隆帝）聪明伶俐，十分喜爱，于是传旨，命将弘历送入宫中。这年的夏天，弘历由父母带领，随祖父前往承德避暑山庄。康熙将避暑山庄的侧堂"万壑松风"赐给弘历居住，平时进宴或批阅奏章，都要乾隆侍奉在旁，朝夕教诲。弘历即位后，将这座殿宇题名为纪恩堂。乾隆三十年，乾隆写《避暑山庄纪恩堂记》，纪念康熙皇帝对他的眷顾养育之恩。

（二）苑景区

苑景区又可分成湖区、平原区和山区三部分。

1. 湖区

苑景区的精华基本上在湖区。湖区位于山庄东南，面积49.6万平方米。有大小湖泊八处，即西湖、澄湖、如意泗、上湖、下湖、银溯、镜溯及半月湖，统称为塞湖。

　　康熙、乾隆帝钦定的七十二景有三十一景在湖区。康熙曾夸耀说，"天然风景胜西湖"。这说法并非夸张，湖区虽然没有颐和园的昆明湖那么大，但是山庄的湖独具神韵，由于洲岛错落，湖面被长堤和洲岛分割成五个湖，各湖之间又有桥相通，两岸绿树成荫，山庄主要的风景建筑又都散落在湖区的周围，因此显得曲折有致，秀丽多姿。从景观丰富角度来说，比西湖确有其"胜"。

承德避暑山庄景色

　　此区总体结构以山环水、以水绕岛，布局运用中国传统造园手法，组成中国神话传说中的神仙世界的构图。多组建筑巧妙地营构在洲岛、堤岸和水中，展示出一派安静祥和的水乡风貌。

　　湖区的风景建筑大多是仿照江南的名胜建造的，如"烟雨楼"，是模仿浙江嘉兴南湖烟雨楼的形状修的。金山岛的布局仿自江苏镇江金山。湖中的两个岛分别有两组建筑，一组叫"如意洲"，一组叫"月色江声"。"如意洲"上有假山、凉亭、殿堂、庙宇、水池等建筑，布局巧妙，是风景区的中心。"月色江声"是由一座精致的四合院和几座亭、堂组成。每当月上东山的夜晚，皎洁的月光，映照着平静的湖水，山庄内万籁俱寂，只有湖水在轻拍堤岸，发出悦耳的声音，"月色江声"的题名便是由此而来。

2. 平原区

平原区位于山庄北部，即澄湖之北，直至西北山麓，占地60.7万平方米。平原区主要是一片片草地和树林。其中又分为西部草原和东部林地。草原以试马埭为主体，是皇帝举行赛马活动的场地。林地称万树园，是避暑山庄内重要的政治活动中心之一。当年这里有万树园，园内一切布置均仿蒙古族风俗，形成一派草原风光；

承德避暑山庄澄湖上的如意洲

承德避暑山庄与外八庙

有不同规格的蒙古包二十八座。其中最大的一座是御幄蒙古包，直径达七丈二尺，是皇帝的临时宫殿，乾隆经常在此召见少数民族的王公贵族、宗教首领和外国使节，他在这里接见并宴赏过厄鲁特蒙古杜尔伯特台吉三车凌、土尔扈特台吉渥巴锡，以及西藏政教首领六世班禅等重要人物，还在此接见过以特使马戈尔尼为首的第一个英国访华使团。

承德避暑山庄文津阁

万树园西侧为中国四大皇家藏书名阁之一——文津阁。另外还有永佑寺、春好轩、宿云檐等建筑点缀在草原、林地之间。康熙时期，沿湖岸建有"莆田丛樾""莺啭乔木""濠濮间想""水流云在"四亭，各有意境。

3. 山区

避暑山庄的山区，耸峙于西北部，最高处海拔510米，与湖区、平原区海拔相差180米。这里峰峦起伏，沟壑纵横，林木茂密，四时景色各异。

山区位于避暑山庄西北部，犹如绿色的天然屏障。其面积443.5万平方米，占了整个园林面积的五分之四。从西北部高峰到东南部湖沼、平原地带，形成了群峰

承德避暑山庄周围群峰环绕、林木葱郁

环绕、沟壑纵横、峰岩清流的景象。山谷中清泉涌流，密林幽深。自北而南而西，有"松云峡""梨树峪""松树峪""榛子峪""西峪"等数条峡谷，是通达山区的主要游览路线。山峦之中，古松参天，林木茂盛，原建有四十多组轩斋亭舍、佛寺道观等建筑，但多已只存基址。

山区多处园林解放前多遭破坏，但现在山区景物仍然十分迷人，其中最引人注目的是遥相对立的两个山峰上的亭子，一个叫"南山积雪"，一个叫"四面云山"。在亭子上远眺，山庄的各处景点，山庄外的几座大庙，以及承德市区，周围山上的奇峰怪石，都可以一览无余。在另一座山峰上还有一座亭子叫"锤峰落照"，在这里磬锤峰首先映入眼帘，每当夕阳西照，磬锤峰被红霞照得金碧生辉。

五 承德避暑山庄景点

承德避暑山庄景点众多

承德避暑山庄大小建筑有一百二十多组，其中康熙以四字组成三十六景，乾隆以三字组成三十六景，这就是山庄著名的七十二景。

康熙朝定名的三十六景是：烟波致爽、芝径云堤、无暑清凉、延薰山馆、水芳岩秀、万壑松风、松鹤清樾、云山胜地、四面云山、北枕双峰、西岭晨霞、锤峰落照、南山积雪、梨花伴月、曲水荷香、风泉清听、濠濮间想、天宇咸畅、暖流暄波、泉源石壁、青枫绿屿、莺啭乔木、香远益清、金莲映日、远近泉声、云帆月舫、芳渚清流、云容水态、澄泉绕石、澄波叠翠、石矶观鱼、镜水云岑、双湖夹镜、长虹饮练、莆田丛樾、水流云在。

乾隆朝定名的三十六景是：丽正门、勤政殿、松鹤斋、如意湖、青雀舫、绮望楼、驯鹿坡、水心榭、颐志堂、畅远台、静好堂、冷香亭、采菱渡、观莲所、清晖亭、般若相、沧浪屿、一片云、萍香泮、万树园、试马埭、嘉树轩、乐成阁、宿云檐、澄观斋、翠云岩、罨画窗、凌太虚、千尺雪、宁静斋、玉琴轩、临芳墅、知鱼矶、涌翠岩、素尚斋、永恬居。

烟波致爽殿是皇帝的寝宫

（一）烟波致爽

烟波致爽在避暑山庄正殿澹泊敬诚殿之后，为清帝的寝宫，建于康熙四十九年（1710年）。康熙帝谓此"四周秀丽，十里平湖，致有爽气"，是夏季消夏避暑的胜境，故康熙皇帝题名"烟波致爽"，为"康熙三十六景"第一景。

此殿面阔七间，进深三间，卷棚歇山顶，前廊后厦，两侧以半封闭的走廊与门殿相通。庭院中散缀山石、野花，芳草遍地，十分自然。此殿外表淡雅，而殿内陈设富丽堂皇，各代金、银、玉、钟表、古玩、挂屏等达一千余件，满目琳琅。正中三间设有宝座，上悬康熙皇帝题"烟波致爽"，下为一斗大的"福"字。正殿东西两侧各

承德避暑山庄芝径云堤

有一小跨院，为东所、西所，有侧门与正殿相通。咸丰十年（1860年），英法联军入侵北京，咸丰帝携东、西宫等后妃出北京至热河避难，即居于此殿，慈禧居于西跨院，慈安住在东跨院。

嘉庆和咸丰帝俱病逝于此。

（二）芝径云堤

在避暑山庄万壑松风之北，建于清康熙四十二年（1703年），为"康熙三十六景"第二景。是仿效杭州西子湖的苏堤构筑的，夹水为堤，逶迤曲折，形似芝字。此堤连接三岛：采菱渡、月色江声、如意洲。堤穿湖而行，为湖区主要风景观赏路线。入夏以后，漫步长堤，满眼苍翠碧绿，四周胜景层层，步挪景动，百态千姿，绿柳袅袅，大有西子湖中"苏堤春晓"之风韵。康熙帝初建避暑山庄，疏导湖区时，亲自度量设计，其《芝径云堤》诗云："命匠先开芝径堤，随山依水揉幅奇。"此堤实有管理山庄湖区各处风景之妙。

（三）锤峰落照

位于避暑山庄南部松鹤清樾北山峰顶，是"康熙三十六景"第十二景。为一

方亭。每当夕阳西照，漫天红紫。此时，
东山的磬锤峰金碧辉煌，宏伟壮丽。康熙、
乾隆、嘉庆曾在近黄昏时率文武百官及少
数民族王公贵族，登亭举行蒙古风味的野
宴，并观看磬锤峰落日余辉下的雄奇俊秀
的景象。此亭与"北枕双峰""南山积雪""四
面云山"三亭均位于山庄岗峦之巅，遥相
呼应。

（四）水流云在

位于芳渚清流之北，与烟雨楼隔湖相
望。为"康熙三十六景"最后一景。是一
座重檐四角攒顶、四面出卷棚式抱厦的敞
亭。此亭形制独具一格：主亭为方亭，四
面加突出的附间。题额由唐代大诗人杜甫

承德避暑山庄水流云在
敞亭

承德避暑山庄景点

041

承德避暑山庄澄湖及桥

诗"水流心不竞，云在意俱迟"而来。此亭位于内湖与澄湖相交处，流水与浮云相映成趣，动静变化妙不可言。

（五）万树园

万树园在避暑山庄平原区东北部。北倚山麓，南临澄湖，占地870亩。有乾隆帝御书"万树园"碣，为"乾隆三十六景"第二十景，这里绿草如茵，古木葱郁，今南部尚有乾隆手书《绿毯八韵》诗碑一座。园内不施土木，原西北当年有二十八架蒙古包，现复建为蒙古包度假村，乾隆帝曾在此接见杜尔伯特蒙古首领三车凌、土尔扈特蒙古首领渥巴锡及西藏活佛班禅六世等。还在此接见英国特使马戈尔尼以及缅甸、越南、朝鲜、老挝等国使节，并宴请

承德避暑山庄万树园

承德避暑山庄水心榭

承德避暑山庄景点

听乐等，有《万树园赐宴图》等画传世。有塞外游牧之风。

（六）如意湖亭

与环壁隔水相望，建于如意湖西岸，因而得名如意湖亭。这是一座"十"字形小亭，乾隆定为第四景。

（七）芳渚清流

自如意湖亭北行，滨湖有一座重檐方形亭，建在天然石崖，即为芳渚清流。光滑圆润的山岩，系武烈河水千万年冲刷而成。亭子四面临水，十里塞湖，皆倒映入清流之中；岸上树木丛生，芳草如织，亦为"康熙三十六景"之第二十七景。

承德避暑山庄金山岛凉亭

承德避暑山庄与外八庙

（八）澹泊敬诚殿

承德避暑山庄澹泊敬诚殿

进入内午门，迎面便是进深三间、面阔七间古朴端庄的大殿——澹泊敬诚殿。因用楠木建造，俗称楠木殿，康熙五十年（1711 年）初建，乾隆十九年（1754 年）改建。大殿面积 612 平方米。殿式为卷棚歇山顶，墙体的屋面皆用青砖、灰瓦，梁柱、隔扇、天花板均为本色楠木。周廊及室内地面为天然紫豆瓣大理石铺砌。四周 48 根楠木大柱，经烫腊后色泽沉黄发亮。整个殿宇在满院苍松映衬下，庄重巍峨，清幽典雅，古朴无华。大殿的隔扇门心和殿内 735 块天花板心，饰以万字、蝙蝠、寿桃等浮雕，图案精美，刻艺高超，是文

避暑山庄澹泊敬诚殿

物珍品。楠木不仅质地坚实，色泽古朴，还能散发一种淡淡的清香，阴雨天，香气更郁。楠木产于川贵，如此遥远运到承德，更显得高贵和神秘。

澹泊敬诚殿檐下，悬有三块深雕金漆云龙匾，为乾隆皇帝退位当太上皇时写景抒怀之作，字迹流畅，十分醒目。值得注意的是，三首诗流露出乾隆帝晚年因白莲教农民起义而产生的不安和忧虑，反映了清朝统治在乾隆末期以后由盛而衰的趋势。

澹泊敬诚殿内正上方匾额书写"澹泊敬诚"四个大字。"澹泊"，源于《易经》，"不烦不扰，澹泊不失"。诸葛亮在《诫子书》中说："非澹泊无以明志，非宁静无以致远。"康熙皇帝非常欣赏这两句话，以"澹泊敬诚"来律己并教训子孙，作为治国之道。

今天，根据清朝陈设档案，殿内复原了宝座、屏风及各种精美古朴的陈设。宝座后屏风雕刻《耕织图》，描绘水乡种稻和丝织生产的情景，有从事耕织的人物共163人。殿内东、西两侧的北山墙装有楠木书隔、布帘遮挡，曾存放《古今图书集成》一万卷。殿外东西各有朝房五间及方形乐亭两座。

（九）四知书屋

四知书屋，在承德避暑山庄澹泊敬诚殿后。是一座五间大殿，康熙帝曾题名"依

承德避暑山庄四知书屋

承德避暑山庄景点

承德避暑山庄四知书屋内景

清旷"，乾隆五十一年(1786年)又增题"四知书屋"。四知取《周易·系辞》"君子知微、知彰、知柔、知刚，万夫之望"之意。乾隆皇帝对此话十分赞赏，因为恰好表达了他刚柔相济、恩威并施的统治策略。周有回廊，曲折叠绕，使庭园清幽，诗意盎然。这里是清帝召见朝臣及各族王公，处理军国要务及举行大典前后更衣休息之处。据载，清帝在此召见了喀尔喀蒙古的哲布尊丹巴呼图克图一世、三世、四世，班禅六世，土尔扈特汗渥巴锡等。

（十）勤政殿

福寿阁北是勤政殿，面阔五楹，进深两间，殿内面南悬"正大光明"匾，面北悬"高明博厚"匾，是皇帝接见群臣、发布政令的地方，殿前有东、西配殿各三楹。

六
外
八
庙

（一）起源

"外八庙"实际上并不只八座庙，原有寺庙十二座，自西而东依次是：罗汉堂（大部分已毁）、广安寺（大部分已毁）、殊像寺、普陀宗乘之庙、须弥福寿之庙、普宁寺、普佑寺（大部分已毁）、广缘寺及避暑山庄以东的武烈河东岸有四座，自北而南依次是：安远庙、普乐寺、溥仁寺、溥善寺（已毁）。由于当年有八座寺庙由清政府理藩院管理，于北京喇嘛印务处注册，并在北京设有常驻喇嘛的"办事处"，又都在古北口外，故统称"外八庙"（即口外八庙之意）。久而久之，"外八庙"便成为这十二座寺庙的代称。其中最具有

承德避暑山庄外八庙全景

承德避暑山庄与外八庙

承德避暑山庄普宁寺外景

观赏价值的是普宁寺和普陀宗乘之庙。

　　清朝初年，中国藏传佛教在我国蒙、藏地区（包括青海、新疆）势力强大，教徒信仰虔诚，佛经教义是蒙、藏人民的精神支柱。藏传佛教上层人物在政治上有效地控制着地方政权，经济上汇聚着大量财富，文化上掌握着经堂教院。清政府为加强对北疆的统治，巩固国家统一，对边疆各少数民族实行"怀柔"政策。"怀柔"政策的一个重要内容就是对蒙、藏民族采取"因其教不易其俗""以习俗为治"的方针。乾隆说："兴黄教，即所以安众蒙古，所系非小，故不可不保护之。"反映了清统治者以顺应少数民族习俗，尊重蒙、藏上层人物宗教信仰，来实现密切地方和中

普陀宗乘庙一角

央政府的关系，巩固国家统一的战略思想。

避暑山庄自康熙四十七年（1708 年）驻跸使用以后，皇帝每年秋季前后均要在此长期停住，消夏避暑，处理军政要务。由此而来的大批蒙、藏等少数民族首领和外国使臣，每年都要到承德谒见皇帝，参加庆典。借此，清廷便在承德大兴土木，在避暑山庄周围依照西藏等地喇嘛教寺庙的形式修建喇嘛教寺庙群，供西方、北方少数民族的上层政教人物朝觐皇帝时礼佛之用，功能上同避暑山庄相辅相成，互为补遗。从某种意义上说，避暑山庄是皇帝为自己建的，而这十二座庙宇主要是为别人修的。

（二）建造过程

从康熙五十年(1711年)开始到道光八年(1828年),清廷在今承德市市区及滦河镇一带敕建寺庙43座。近年来,文物古建专家一般将避暑山庄内外由皇帝敕建的这43座寺庙(外八庙12座,山庄内16座,狮子园2座,滦河镇2座,山庄外东、南8座,狮子沟、上二道河子、河东各1座)称之为外八庙寺庙群。其中,由朝廷直接管理的有30座,避暑山庄内有16座:珠源寺、梅檀林、汇万总春之庙、水月奄、碧峰寺、鹫云寺、斗姥阁、广元宫、永佑寺、同福寺、仙苑昭灵(山神庙)、法林寺、灵泽龙王法、西峪龙王庙、涌翠岩、上帝阁。山庄西部(今滦河镇)2座:穹览寺、琳霄观。山庄东北部12座:溥仁寺、溥善寺、普宁寺、普佑寺、安远庙、普乐寺、普陀宗乘之庙、广安寺、殊像寺、罗汉堂、须弥福寿之庙、广缘寺。其中,罗汉堂、广安寺、普乐寺3座庙,朝廷"向未安设喇嘛",由内务府管理;而溥仁寺、溥善寺、安远庙、广缘寺、普佑寺、普宁寺、须弥福寿之庙、普陀宗乘之庙、殊像寺9座庙设8个管理机构(普佑寺附属于普宁寺),

外八庙寺庙群

由朝廷派驻喇嘛，京师理藩院管理并逐月按人数由理藩院发放饷银，清正史文献将这9座寺庙称为"外庙"，后俗称外八庙或热河喇嘛庙。

按时间排列，首先营建的是溥仁寺和溥善寺（已毁）。这两座寺院建于康熙五十二年（1713年），是蒙古诸部王公为庆祝康熙皇帝六十寿辰请旨建造的。普宁寺建于乾隆二十年（1755年），是为纪念平定厄鲁特蒙古准噶尔部族首领噶尔丹煽动的武装叛乱而建造的。普宁寺分前后两部分，前部为一般汉族寺庙形式，后部是以大乘阁为中心的一组建筑群。大乘阁内供奉千手千眼观音立像，高二十多米，

承德外八庙普宁寺大乘之殿

承德避暑山庄与外八庙

承德避暑山庄普宁寺
大乘阁木雕千手千眼
观世音菩萨像

是中国现存最大的木雕像。乾隆二十五年，在普宁寺旁增建普佑寺。乾隆二十九年建安远庙，俗称伊犁庙，是为新疆达什达瓦部两千余众迁居热河后提供参拜之所而建。此庙有三层墙廊围绕，中为普渡殿，有三重檐，黑色琉璃瓦顶。乾隆三十一年建普乐寺以纪念土尔扈特、左右哈萨克、布鲁特等族归顺清朝。寺后部是一座"坛城"，下为两层石台，台上建立重檐攒尖圆殿，称旭光阁，阁内安放一座立体坛城模型。乾隆三十二年建普陀宗乘之庙，作为庆祝乾隆皇帝六十寿辰时蒙古和土尔扈特王公进贡朝贺之所，俗称"小布达拉宫"，西藏达赖喇嘛到热河觐见时多居此处。普陀宗乘之庙仿藏式建筑修造，依山就势，

普陀宗乘之庙仿藏式建筑

自由布置了众多的红白台和塔门，最后为高 25 米的大红台。乾隆三十七年建广安寺（已毁）。乾隆三十九年建殊像寺，寺的布局仿照五台山殊像寺。同年又仿浙江海宁安国寺的形制建罗汉堂（已毁）。最后于乾隆四十五年建须弥福寿之庙，由于西藏班禅喇嘛到热河祝贺乾隆七十寿辰，特建此庙作为班禅行宫。庙中有大红台建于中部山上，北部建有一座汉族建筑式样的八角琉璃万寿塔。

（三）建筑类型

庙宇按照建筑风格分为汉式寺庙和汉藏结合式寺庙。这些庙宇融和了汉、藏等民族建筑艺术的精华，多利用向阳山坡层层修建，主要殿堂耸立突出，气势宏伟，

承德避暑山庄永佑寺

承德避暑山庄普宁寺

外八庙

极具皇家风范。外八庙，是中国现存最大
的皇家寺庙群。

1. 汉式寺庙

是以汉族传统宫殿、府邸建筑格局为
主的寺庙建筑，包括溥仁寺、溥善寺、殊
像寺、罗汉堂和广缘寺。溥仁寺平面呈长
方形，四进院落，占地面积为3.42万平方
米，造寺共用白银10万两。寺内十八尊
罗汉采用中国塑像艺术中最高超的夹纻工
艺制作而成。殊像寺占地面积2.62万平方
米，主殿后方又叠纵规模宏大的假山，院
中植以苍松翠柏，呈现出宗教气氛和园林
艺术巧妙结合的独特风格。罗汉堂占地面
积1.2万平方米，供有三世佛和508尊罗
汉造像。广缘寺是一座由喇嘛为表示对皇
帝的敬诚之意，个人出资建造的寺庙。

2. 藏式寺庙

周围寺庙中的庙宇大多受到藏式寺庙
不同程度的影响，其中普陀宗乘之庙、须
弥福寿之庙和广安寺三庙在主体上属于藏
式风格。普陀宗乘之庙于乾隆三十二年至
乾隆三十六年(1767—1771年)建造，占
地22万平方米。大量平顶碉楼式白台随
山势呈纵深自由布局，没有明显的中轴线。

溥善寺

外八庙之普陀宗乘之庙

体量巨大、气势磅礴的大红台，是普陀宗乘之庙的主体建筑。分上下两部分，下有巨大白台为基座，平面约 1 万平方米，高近 43 米，下用花岗岩条石砌筑，上部以砖砌筑。万法归一殿位于大红台的中部，殿四周有 44 间群楼成回字形围绕，是举行重大宗教仪式、进行政治和宗教活动的场所。须弥福寿之庙系为迎接西藏六世班禅到来而建，占地面积 4.78 万平方米。主体建筑妙高庄严殿镏金鱼鳞铜瓦覆顶，脊上八条欲飞的铜龙，每条重一吨以上，构成了建筑史上的一大奇观。广安寺占地面积 1 万平方米，为佛教徒举行受戒仪式的场所，乾隆皇帝曾在此接受章嘉活佛为他举行的受戒仪式。

3. 汉藏结合式寺庙

汉藏结合是周围寺庙建筑最为鲜明的特色。普宁寺、普佑寺、安远庙、普乐寺四座寺庙则是这种汉藏结合式建筑的代表。这些寺庙一般采取前部为汉式建筑形制，后部为藏式建筑形制。普乐寺建造于乾隆三十一年（1766 年），占地面积 2.17 万平方米，其主体建筑旭光阁，内用十二根金柱分内外两层支撑重圆顶，在殿内中央的圆形石须弥座上建有中国最大的立体"曼陀罗"模型，其间是藏传佛教密宗中一种最高级的修观本尊佛——上乐王佛。这一佛像的铸造工艺和力学原理运用都达到了极其完美的程度。普宁寺系乾隆皇帝为庆祝平定准噶尔达瓦齐叛乱的胜利而建，占地面积 4.88 万平方米，大乘之阁为全寺主体建筑，殿内墙壁佛龛供无量寿佛 10090 尊，中间矗立着现在世界上最大的木雕金漆佛像千手千眼观世音菩萨，通高 22.28 米，腰围 15 米，重达 110 吨，用木材 120 立方米。与普宁寺为邻的普佑寺，建于乾隆二十五年（1760 年），占地 0.66 万平方米。这里是研习佛教理论的经学院。安远庙是为安抚从新疆伊犁河畔迁居承德的厄鲁特蒙古达什达瓦部，并褒奖其在平

承德避暑山庄普陀宗乘之庙佛龛

外八庙

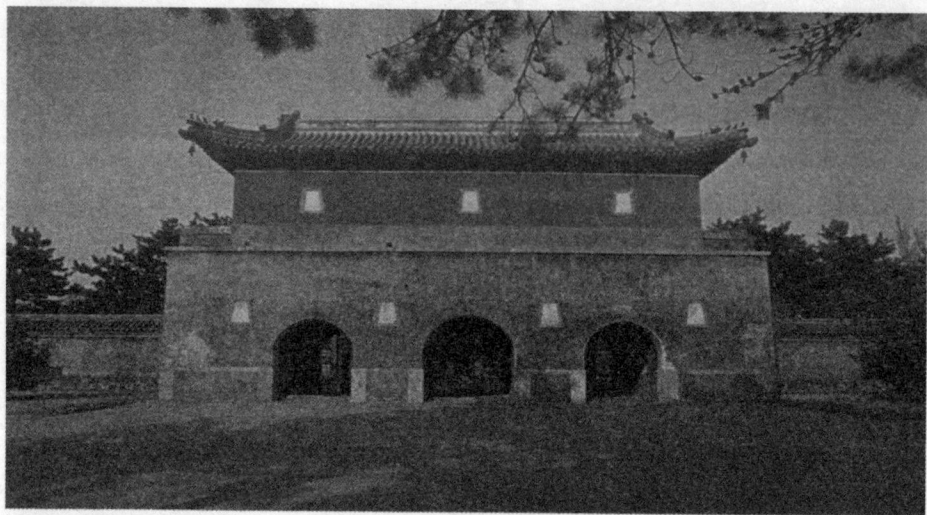

承德避暑山庄安远庙

定边疆叛乱过程中立下的功绩而建造的。占地面积 2.8 万平方米，主体建筑普渡殿采用蒙古寺庙的建筑形制，殿内供奉观世音菩萨的女身像——渡母，四壁满绘重彩壁画。

这些庙宇的规模、位置、形制都是由皇帝钦定的，它们的匾额、碑文均由皇帝题写，对僧众瞻礼有严格的规定，这在中国寺庙史上是绝无仅有的。

（四）建筑风格

对于避暑山庄和"外八庙"，从外形上看，避暑山庄内建筑无论是庄严肃穆的皇家宫殿，还是游玩欣赏的亭、轩、榭、阁，一律采用青砖灰瓦，显示出一种古朴自然的风格；而在其周围建造的"外八庙"，

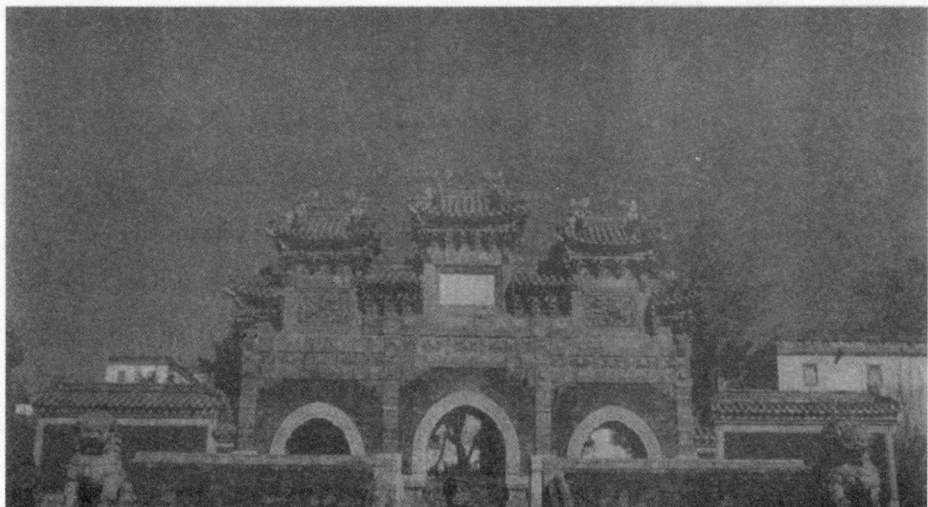

承德避暑山庄外八庙普
陀宗乘之庙琉璃牌坊

则采用彩色的琉璃瓦，有的甚至用镏金鱼
鳞瓦覆顶，远远望去，巍峨壮观，金碧辉煌，
一派富丽堂皇的景象，这与古朴典雅的避
暑山庄形成鲜明的对比。在此，不难看出，
清代康乾二帝之良苦用心。

多数寺院建筑依山建造，在布局上运
用了一些特殊手法。例如将轴线对称式和
自由式布局结合在一起，巧妙利用地形来
解决平面高差问题，叠置人工假山来增加
空间趣味等。在平面比例关系上多次运用
相似比例图形和矩形的构图，以获得和谐
感。特别是普宁寺的后半部布局是一组包
括大乘阁、喇嘛塔、小型殿台等 19 座建
筑的群体，组成以建筑物来体现的佛教"坛
城"，运用象征手法表达出佛经上的天国

承德须弥福寿之庙大红台主
殿妙高庄严殿鎏金殿顶

世界。这种布局在中国建筑史上是少见的。

外八庙中的主殿有好几座采用多层楼阁建筑，如普宁寺大乘阁，安远庙普渡殿、须弥福寿之庙的妙高庄严殿、普乐寺旭光阁等，都是体形庞大的中空式建筑，最高的大乘阁高达 39.16 米。这些实例反映了中国古代工匠运用合理的构架形式和木材帮拼方法建造高层木结构房屋的技术水平，在中国建筑技术史上占有重要地位。

清帝兴建寺庙，是为了顺应蒙、藏等少数民族信奉喇嘛教的习俗，"因其教而不易其俗"，通过"深仁厚泽"来"柔远能迩"，以达到清王朝"合内外之心，成巩固之业"的政治目的。例如普宁寺仿西藏扎囊桑耶寺，安远庙仿新疆伊犁固尔扎庙，普陀宗乘之庙仿拉萨布达拉宫，须弥福寿之庙仿日喀则扎什伦布寺等。这些寺庙的建筑形制不仅应用了琉璃瓦顶、方亭、牌楼、彩画等汉族建筑传统手法，同时也应用了红白高台、群楼、梯形窗、喇嘛塔、镏金铜瓦等藏族、蒙古族的建筑手法，建筑形式别具一格。它从一个侧面反映出清代鼎盛时期加强民族团结、抗击外来侵略的历史。

承德避暑山庄普宁寺
一景

（五）外八庙景点

外八庙是不同地域、不同民族建筑艺术大融合的一个典范之作。这些建筑艺术形象既反映了民族团结，又起到了民族间建筑文化交流的作用。山庄周围寺庙，环山庄半圆建成，呈众星捧月之势，政治寓意十分明确。从收效看也确实是"一座喇嘛庙，胜抵十万兵"。

1．普宁寺

位于承德市避暑山庄之东北部，建于清乾隆二十年至二十三年（1755—1758年），占地 33000 平方米。因寺内有木雕大佛，俗称大佛寺。这是一座融汉藏建筑风格为一体的寺庙。其前部依汉传佛教传统的"伽蓝七堂"方式布置，主殿大雄宝殿内供奉三世佛，后半部建在九米多高的

承德避暑山庄普宁寺

台基上。此寺仿西藏三摩耶庙形式而建，按佛教教义关于世界构造的模型布局，中央的大乘阁象征须弥山，四周的殿宇象征"九山八海"，具有鲜明的藏族建筑特点，也体现了藏传佛教对宇宙的理解。

清乾隆二十年五月，清政府派班第为大将，出兵讨伐厄鲁特蒙古准噶尔部的反动头目达瓦齐叛乱。清军直达新疆的伊犁，达瓦齐闻讯逃到天山之南，被维吾尔族首领霍集斯擒获，压解到清军营内。准噶尔部另一个反动首领阿睦尔撒纳在霍集斯擒住达瓦齐后仍继续叛乱，并勾结沙皇俄国等外部势力，当遭到强大的清军攻击后，阿睦尔撒纳兵败逃亡俄国。两股叛乱军队被剿灭后，乾隆为了纪念两次平叛的胜利，在承德避暑山庄为厄鲁特四部（准噶尔、杜尔伯特、和硕特和土尔扈特）上层贵族设宴封爵，因为清王朝政府信奉藏传佛教，故仿西藏桑耶寺，在山庄北部修建了清王朝第一座皇家寺庙——普宁寺，即希望全国各民族"安其居，乐其业，永远普宁"。

普宁寺的主要建筑有钟鼓楼、碑亭、天王殿、大雄宝殿、大乘阁等。然其精华部分在主体建筑大乘之阁，大乘阁高 36.75 米，外观六层重檐。而大乘之阁的精华部分又在于它所供奉的千手千眼观世音菩萨。这尊佛像高 27.21 米，用松柏榆杉椴五种木材雕成。其中须弥底座高为 1.22 米。须弥底座上莲花底座至无量光佛顶部高度为 22.29 米，底下 3.7 米。大佛腰围 15 米，重量为 110 吨，仅头部就重达 5.4 吨，经过整体维修后，更具宗教艺术的魅力，其文物价值和艺术价值堪称世界之最，是目前世界上最大的木雕佛像，已载入吉尼斯世界纪录。佛像两侧有善财、龙女侍立，造型圆润。阁两侧有妙严室和讲经堂，分别是清帝听经和休憩之所。

普宁寺巧借自然，因山就势，丰富了寺庙建筑布局的传统方式。寺内嶙峋的山石、苍翠的古松，犹如天然画屏，烘托着

承德避暑山庄普宁寺一角

承德避暑山庄普宁寺
外景

金碧辉煌的殿阁，气宇轩昂，蔚为壮观，显示出君临天下的皇家风范。

普宁寺是中国北方最大的藏传佛教活动场所。在清代，每年的腊月二十五至二十七日、正月初八至十五日，普宁寺都要举办庙会，外八庙的喇嘛齐集于此，有佛教法舞表演，前来赏玩的远近乡民络绎不绝。同时也是举世闻名的旅游胜地。1961年普宁寺被列为全国重点文物保护单位，1985年被国务院宗教局批准为宗教活动场所，1994年被载入世界文化遗产名录。

2. 普乐寺

普乐寺位于避暑山庄东北部，俗称圆亭子。建于清乾隆三十一年（1766年），占地面积24000平方米。

普乐寺的修建主要是供来避暑山庄朝觐清帝的哈萨克、维吾尔、柯尔克孜等西北各少数民族王公贵族瞻礼之用，是清朝政府利用宗教政策团结边疆少数民族，加强其封建统治的活动场所。乾隆皇帝题名"普乐"则是由范仲淹《岳阳楼记》中的名句"先天下之忧而忧，后天下之乐而乐"引申而来，有"普天同乐"之意。

承德避暑山庄普宁
寺外景

全寺建筑为汉藏结合式，西部依照汉族寺庙样式由山门、天王殿、钟鼓楼、配殿、宗印殿、正殿等组成。天王殿面阔五间，殿脊用卷草琉璃瓦，中置三座琉璃喇嘛塔。殿内供四大天王、弥勒和韦陀像。宗印殿面阔七间，屋脊装饰色彩缤纷的琉璃件，以数条绿琉璃云龙贯空，当中置琉璃塔，塔两侧镶嵌吉祥八宝浮雕。宗印殿正中供三方佛，即东为药师琉璃佛，中为释迦牟尼佛，西为阿弥陀佛。三佛背光上饰有大鹏金翅鸟浮雕；两侧供八大菩萨，右是文殊、金刚手、观世音、地藏王；左是普贤、弥勒、虚空藏、除盖障。宗印殿两侧左方是慧力殿，右边是胜因殿，两殿内供金刚佛。

东部为藏式建筑。主体建筑旭光阁，

承德普乐寺正殿宗印殿

重檐圆顶，类似北京天坛祈年殿，阁内须弥座上置大型曼陀罗模型，由37块木料组合而成。"37"表示释迦牟尼37种学问。曼陀罗上供双身立姿铜质佛像一尊，呈男女合抱之状，俗称"欢喜佛"。男像为上乐王佛（即胜乐王佛、欢喜佛），是大日如来的法身，像正面对磬锤峰，代表"智慧"，女像明妃（即佛母），遥对永佑寺舍利塔，代表"禅定"，此是佛教密宗最高修炼形式，是原始生殖崇拜意识的形态反映。阁内顶部置圆形藻井，龙凤图案，龙凤藻井中心雕金龙戏珠。藻井采用层层收缩的三层重翘重昂九踩斗拱手法，雕工精细，金光闪闪，具有极高的艺术价值。

3．溥善寺

建于康熙五十二年（1713年），系

承德避暑山庄普乐寺
旭光阁顶部藻井

中原佛教显宗建筑风格，主要建筑有山门、钟楼、鼓楼、天王殿、佛楼及配殿，占地面积 27500 平方米。溥善寺是康熙皇帝六十大寿，应蒙古各部首领祝寿所请而建。庙内供奉的无量寿佛做工最为精湛。其中佛楼一层设有宝座，是皇帝接受诵经祝寿的地方。另设坛座是喇嘛讲经之所。佛楼二层收藏经卷。现仅存部分基址和两棵古松。建筑毁于 20 世纪 20 年代汤玉麟统治热河时期。

4．溥仁寺

建于康熙五十二年（1713 年），是现存唯一的康熙时期兴建的寺庙。这一年是康熙皇帝（玄烨）的六十寿辰，"众蒙古部落，咸圣阙廷，奉行朝贺，不谋同辞，具疏陈恳，愿建刹宇，为朕祝厘"，借寓

承德避暑山庄溥仁寺山门

施仁政于远荒之意，取名"溥仁"。是清政府在平定了准噶尔部葛尔丹的叛乱后，康熙皇帝为了巩固边疆，加强对厄鲁特、喀尔喀等蒙古地区的行政管理，加强中央政府与蒙古各部的联系而兴建的。具体措施如庙内碑文中说："念热河之地，为中外之交，朕驻跸清暑，岁以为常，而诸藩来觐，瞻礼亦便。"故此在各蒙古王公贵族前来祝寿之际，以蒙古王公为康熙帝"万寿节"祝福为由，兴建此庙。

溥仁寺占地面积 32500 平方米，有建筑十五座，解放前多已毁坏。溥仁寺建筑形制为汉族庙宇的"伽蓝七堂"式，四周有护墙环。山门内主轴线上布置主殿三座天王殿、慈云普阴殿、宝相长新殿。天王殿内供佛像六尊：笑容可掬的弥勒佛、肃穆庄重的韦陀天将和慈容凶相的四大天王。慈云普阴殿，单檐歇山顶，描金彩绘，雕梁画栋，光彩夺目。殿内供过去佛迦叶佛，现在佛释迦牟尼佛、未来佛弥勒佛。释迦佛两侧为其两大弟子迦叶和阿难。东西坛上供姿态各异的十八罗汉。天花板上有"唵、嘛、呢、叭、咪、吽"密宗六字真言。宝相长新殿，单檐硬山布瓦顶，檐柱描金彩绘。内供九尊无量寿佛，即阿弥陀佛。他是西方极乐世界的教主。极乐世界有品位九等，每品有一尊佛。佛两侧侍立八大菩萨。

如今，各殿和庙院全部恢复原状，整个建筑为纯汉族形式，最后一组院落用来专供无量寿佛，具有明显的祝寿特点。建筑的布局，寺内的佛教艺术品及碑刻文物，对进一步研究清朝的政治、经济及佛教艺术的发展，都有很高的历史价值。

5．普佑寺

建于乾隆二十五年（1760 年），适逢乾隆皇帝五十大寿、皇太后七十大寿喜庆之年，又值清军平定西北边疆叛乱。普佑寺系外八庙喇嘛的经学院（扎仓），分为显宗、密宗、医学、历算四大部。住寺僧众除正常的佛事活动外，还在此修习显宗教教义、密宗教教义、藏医学、天文历算及律仪等。

普佑寺占地面积 9000 平方米，坐北面南，布局呈长方形。平面布局打破了传统的"伽蓝七堂"的汉式手法，天王殿居中，前建佛堂，后又增添了凹形经楼，使其前后形成二层院落，布局十分严谨。殿内供

承德避署山庄普佑寺内的马哈嘎拉像

外八庙

承德避暑山庄普佑寺

奉的佛像，也与其他寺庙不同，有汉式的，也有藏式的，是外八庙中别具一格的庙宇。

当年寺内主要建筑有山门、大方广殿、天王殿、法轮殿、经楼、顺山房等。1937年，侵华日军将罗汉堂五百罗汉迁移至此。1964年，普佑寺不幸遇雷击起火，主体建筑法轮殿及其他部分建筑毁于火灾，五百罗汉也仅幸存178尊。经过整修的普佑寺，已于1996年6月27日正式向游人开放。2006年5月25日，普佑寺作为清代古建筑，被国务院批准列入第六批全国重点文物保护单位。

6. 普陀宗乘之庙

"普陀宗乘"是藏语"布达拉宫"的汉译，即"普陀洛伽"——观世音菩萨的道场。普陀宗乘之庙的建筑形式、布局是仿照西藏拉萨市布达拉宫建的，无明显中轴线，俗称小布达拉宫。其建于乾隆三十二年（1767年）至乾隆三十六年（1771年），占地220000平方米，是外八庙中规模最大的一座庙宇。当时，蒙古、新疆、青海等地各少数民族首领聚集避暑山庄，参加乾隆皇帝的六十寿辰和皇太后八十寿辰的万寿庆典，乾隆皇帝命仿照西藏佛教的中心——拉萨布达拉宫，兴建了普陀宗乘之庙以示纪念。此庙落成时，从伏尔加河流域率众返回祖国的土尔扈特部首领渥巴锡，来承德朝见乾隆皇帝，为了纪念土尔扈特蒙古回归祖国的英雄壮举，乾隆皇帝亲笔御书了《土尔扈特全部归顺记》和《优恤土尔扈特部众记》，刻巨石立碑于庙内。

承德避暑山庄外八庙普陀宗乘之庙石象

这座寺庙内大小建筑约六十处，殿堂楼宇，星罗棋布，依山面水，巧于利用地势和景物衬托，布局灵活，又不失庄严肃穆。全寺平面布局分前、后两部分：前部位于山坡，由白台、山门、碑亭等建筑组成；后部位于山巅，布置大红台和房堡。按特征可分三部分：第一部分由山门、碑亭、五塔门、琉璃牌坊组成；第二部分是白台群，由若干大小白台组成；第三部分为大红台。白台群呈"×"形，上拱大红台，下围山门、碑亭、五塔和牌坊，这种建筑布局为外八庙也是中国寺庙建筑所独有。

此寺的主体建筑是大红台，通高43米，台中央万法归一殿是主殿，仅此一项造价即是黄金万两。万法归一殿殿顶高出群楼，金光闪烁，富丽堂皇，极其雄伟壮观。底

承德避暑山庄外八庙普陀
宗乘之庙

部因三层群楼合围，影调阴暗，光照对比鲜明，造成了宗教森严肃穆的气氛，是内地宗教建筑的瑰宝。此殿是全庙举行集会和庆典活动的场所，每年七月十一日在殿内举行佛教学位考试。腊月二十七、正月十四在此举办送祟活动，全体喇嘛在此念经，驱除妖魔祈求太平。清代，内外蒙古千里迢迢进此庙上香求佛者络绎不绝。乾隆三十六年 (1771 年)，弘历曾在此殿接见万里回归的土尔扈特首领渥巴锡一行，并举行了大型讲经祝寿活动。

近年来，在大红台上的"御座楼"隆重推出了民族宗教歌舞《普陀之光》，它通过提炼寺庙落成、皇帝庆寿和土尔扈特部回归等重大事件，用歌舞形式表现出"康乾盛世"时中华民族强大的向心力和凝聚力，以及创建太平盛世繁荣中华这一全国各族人民共同的宏愿。总之，普陀宗乘之庙古木参天，环境清幽，景致殊佳，是游外八庙时不可错过的一处景点。

7．须弥福寿之庙

"须弥福寿"是藏语"扎什伦布"的汉译，即吉祥的须弥山。此庙建于乾隆四十五年（1780年），占地面积37900平方米，建筑布局依山就势，分前后两部分，它吸取了汉藏民族的建筑艺术风格。前部是石桥、石狮、山门、碑亭、琉璃牌坊等，中部以大红台为中心，后部有班禅六世及其弟子的住处"万法宗源殿"等，最后是万寿塔。

乾隆四十五年(1780年)，西藏六世班禅为庆贺乾隆帝七十大寿，长途跋涉两万余里前往承德。乾隆帝十分重视，为隆重迎接六世班禅的到来，特建须弥福寿之庙供六世班禅讲经和居住，所以，此庙又称"班禅行宫"。"须弥山"，藏语名"扎什"；"福寿"，藏语名"伦布"。须弥福寿意思是像吉祥的须弥山那样多福多寿。

妙高庄严殿巍居风格独特的大红台正

承德须弥福寿庙大红台

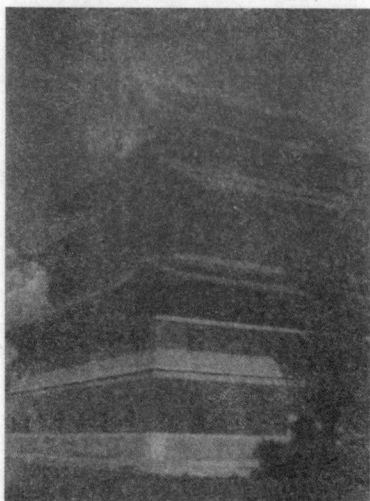
承德避暑山庄安远庙

中，高29米，一通到底，殿顶镏金铜瓦用15429两黄金镏成。脊上八条金龙，每条用铜一吨，四上四下，似腾云驾雾，为稀世瑰宝。殿内第一层供的是释迦牟尼像和黄教创始人宗喀巴像，其东为六世班禅诵经的宝座。第二层供的是释迦牟尼及其两位弟子迦叶、阿难。第三层则是三尊金刚像，即大威德金刚、密集金刚和胜乐金刚。

八角七层的万寿塔是全寺最高点。塔身用绿色琉璃砖砌成，塔顶用黄色琉璃瓦铺覆，七层象征乾隆帝七旬大寿。它背负青山，直指苍天，宏伟壮丽。

8. 安远庙

建于乾隆二十九年（1764年），其建筑形式是仿新疆伊犁河畔的"固尔扎庙"，又称"伊犁庙"。乾隆二十二年（1757年），由于当时阿睦尔撒纳的叛乱，达什达瓦寡妻冲破阻挠，历尽千辛万苦，举部投归清政府。乾隆皇帝为了安抚达什达瓦部落，将他们迁徙到承德定居，并在驻地山冈上建安远庙，寓意安定远方，团结边疆各民族，巩固北部边防，维护国家统一。安远庙落成后，不仅成为达什达瓦部众进行宗教活动的场所，也是清王朝用来团结边疆各少数民族的政治活动场所。安远庙占地26000平方米，其建筑布局整齐对称，中轴线分明，以山门、碑亭、普渡殿、后山门为主体建筑，进入山门，有一片空地，是当年达什达瓦部众举行"跳步踏"的场所。主殿普渡殿，殿顶全部覆盖黑色琉璃瓦，形式独特，具有蒙古喇嘛寺庙中传统的都纲（讲经堂）法式，布局严整。

9．殊像寺

此寺俗称乾隆家庙，建于1774年，占地面积23000平方米。1761年，乾隆帝同他母亲钮钴禄氏去山西五台山朝拜进香时，见到五台山殊像寺塑有文殊菩萨，回

承德殊像寺

殊像寺浮雕

到北京后特在香山静宜园仿殊像寺建"宝相寺"，以供奉文殊菩萨。后在 1774 年夏季于避暑山庄以北普陀宗乘之庙以西，按照五台山殊像寺、香山宝相寺形制造了承德殊像寺。

殊像寺内的喇嘛均为满族，供奉的主神为文殊菩萨，当时民间认为乾隆皇帝是文殊菩萨转世，所以该寺又有"乾隆家庙"之称。全寺分前后两部分，前部主要由山门、钟鼓楼、天王殿、会乘殿等组成，其中，会乘殿是寺内主殿，殿内供观世音、文殊、普贤三菩萨，像前左右置三层楠木佛龛，两侧各一座楠木万寿塔，内供无量寿佛。后殿主要由宝相阁、清凉楼、香林室和配殿等组成，宝相阁内原有木雕骑狮的文殊菩萨像，阁名是乾隆帝御笔亲题。殿阁外还堆砌有别致的假山，可沿小道迂回而上。

此庙布局完全按照汉族传统佛寺制度，规整严谨。在庙后布涵洞假山，山巅上原建八角亭"宝相寺"，两侧又有精致小巧的僧房院落，使整组建筑极富园林气氛。作为皇家御用寺庙，寺内主要设满族喇嘛，从事翻译《满文大藏经》的工作。

七 相关资料

（一）承德避暑山庄与外八庙相关传说

1．烟雨楼传说

在避暑山庄湖区的中央,有一座楼阁,名叫烟雨楼。

据说,当年乾隆皇帝在避暑山庄游湖,午后喝了一些酒便在游船上睡着了。突然,他感觉到自己面前有一个月亮形的门, 于是便走了进去, 只见一个婷婷玉立的美人斜倚着栏杆, 独自凭栏远眺。乾隆大喜,惊叹美人的沉鱼落雁之貌。美人见面前的这位公子气度不凡, 心中也有好感。于是两人便好了起来……

承德避暑山庄烟雨楼

承德避暑山庄与外八庙

承德避暑山庄景色

就在这时，游船晃动了一下，乾隆醒了，他发觉这只是一个梦，但是梦中的人和景是那么的真实。第二天，乾隆又去游湖，喝了一些酒后又睡着了，又梦见了自己面前有一个月亮门，里面有一个美人……就这样，一连七天，乾隆都做了同样的梦，梦见了同样的人。但是第八天之后，他怎么也做不到这个梦了。乾隆思念这个美人，给她取名为吉拉。吉拉是满语，是非常美丽的意思。

时间并没有消减乾隆对吉拉的思念，他发誓一定要找到吉拉。由于月亮门里山清水秀，一派江南景色，于是乾隆来到了南方。但几个月下来，一直无果。有一天，乾隆进了一家绣坊，里面挂着一幅绣品，乾隆抬头一看，不禁又惊又喜。这绣的正是一个月亮门，门里站着自己日思夜想的恋人。乾隆忙去打听绣品上所绣之人的下落。这时，从内屋出来一个少妇，她说，如果乾隆能说出所绣之人的名字，便告诉他她的去向。乾隆想都没想，便说出吉拉的名字。少妇大惊，说出了原委。原来，有一个道人为吉拉看相，说她的夫君是一个远方来的客人，能说出她的名字，于是吉拉的姐姐便绣了这幅绣品，等候这位贵客的到来。

乾隆带着吉拉回到了宫中。此后，每次到避暑山庄时都带着她，并在山庄里为

承德避暑山庄环碧岛

承德避暑山庄与外八庙

承德避暑山庄正宫景区

她修建了烟雨楼。

乾隆封吉拉为妃子，吉拉所受到的宠爱是宫中任何佳丽都无法比拟的，不可避免地招来了许多嫉恨。可偏偏吉拉又恃宠而骄，修改了乾隆已批好的奏折，加之众妃的谗言，乾隆一怒之下把吉拉打入了冷宫。其实乾隆也并非冷落她，只不过想挫挫她的锐气，可谁知吉拉性子极其倔强，打入冷宫后不吃不喝，三天后便死了。

乾隆悔恨万分，可红颜已逝，一切晚矣。

2．热河化兵传说

历史上的热河（承德）城，因为没有动过刀枪，于是，也就有了"热河化兵（冰）"的传说。这个故事，其实来源于清朝的康

承德避暑山庄荷花池

熙皇帝。

当初未建避暑山庄时，有位叫蔡元的总兵上书皇帝，请求朝廷拨款重修长城，以巩固边防。康熙很明确地表示不同意，他认为一个国家要想太平，关键在于上下一心，众志成城。不然的话，就算把边墙修得再高大再坚固，人家还是照样可以打进来！前明朝就是一个现成的例子。

康熙心想：你们不就是害怕来自北方和其他地方少数民族的袭扰吗？那好，我就在塞外建一个大山庄，把各民族的首领都请来，在这个凉快的地方像亲戚一样走动，和他们一起打猎，一起饮宴，一起娱乐。

于是，康熙真就在热河建起了避暑山

庄及外八庙。结果，各少数民族不仅不再和清朝交战，反而和清军一起反击沙俄之类的外来侵略。

可见，康熙的见解的确很高明。

3．承德茶枕传说

传说当年香妃离开乾隆皇帝后，乾隆夙夜想念，日不思饭，夜不安寝，加之国事操劳，搞得堂堂皇帝日渐憔悴，疲惫不堪。尤其让乾隆痛苦的是，由于独自伏案时间过长，颈椎经常疼痛难忍，颈部僵硬，活动受限，感觉迟钝，甚至有时还眩晕耳鸣，视物不清。宫内御医用尽各种方法，皆束手无策，紫禁城内气氛低沉。

时值盛夏，乾隆在刘墉、纪晓岚等大臣的劝说下来到承德（当时名为热河）避暑养神。乾隆到承德时，蒙古佛教首领章嘉国师和哲布尊丹巴呼图克图活佛接驾后拜见了乾隆皇帝，酷爱佛学的乾隆与活佛畅谈后以福建当年新鲜贡茶相赠。七日后，乾隆起驾普宁寺，活佛向乾隆献上一小枕，曰："前几日见皇上面容憔悴，似有疾在颈，牵动周身，致使气血不通，阴阳不调。今臣借花献佛，以七日前皇上所赠之茶，经热河特殊气候调配，制成一枕，恳请皇

承德避暑山庄博物馆文物

上一用。"乾隆见此枕小巧玲珑，闻之有淡淡幽香，靠之与颈部相吻，遂在普宁寺倚枕静坐，顿感颈部舒适，周身放松，并时有丝丝茶香入鼻，于不知不觉中进入梦乡。一觉醒来，已过了四个时辰，醒后乾隆顿感神清气爽，浑身舒泰，领鬃上还飘有淡淡清香，且感腹中饥渴，食欲旺盛，即令摆膳，与活佛共餐。

此后，乾隆常用此小枕，颈疾从未再犯，小枕发出的阵阵幽香还仿佛香妃常伴身边，令乾隆自此精神振奋，全身心投入到国事之中，成为了名垂青史的一代君王。

4. 千手千眼观世音菩萨传说

承德避暑山庄普陀宗乘之庙

承德避暑山庄与外八庙

千手千眼观音佛像是用
松、柏、榆、杉、椴五
种木 材拼镶组成

　　供奉在普宁寺大乘阁内的千手千眼观世音菩萨，是目前世界上最大的木雕佛像，已载入吉尼斯世界纪录。在她的身上有许多美妙的传说。

　　一说是清乾隆年间，皇帝的女儿受奸臣隆科多的陷害被砍掉了一只胳膊，死后成了佛，皇帝思女心切，拜谒成了佛的女儿，说了一句愿意让佛成为全手全眼佛，结果成了千手千眼佛。

　　另一说是迦叶时期，须弥山西面有一个兴林国，妙庄国王有一个三女儿叫妙善，不肯出嫁。19岁到白雀寺出家，国王不同意但也没有办法，就派人烧了寺庙。妙善双膝跪地，向天祈祷，霎时间，红雨天降，

相关资料

火被熄灭，妙庄王闻后大怒，派官将其押回处斩，突然一只斑斓猛虎将妙善叼走。九年后，国王重病，危在旦夕，妙善化做一老僧，把自己的一双眼睛挖出和药，救了国王。国王被感化，让出王位，携全家出家修行。如来佛祖知道此事，就授妙善千手千眼，妙善就此成佛。

5. 普乐寺的由来

话说乾隆年间，西藏活佛章嘉应邀来到承德朝拜乾隆皇帝。

一天早晨，乾隆伴其在山庄内登高望远，活佛举目环顾四周，突然发现，东面的磬锤峰的山势，在晨曦的衬托下，活脱

承德普乐寺旭光阁顶部藻井

承德避暑山庄与外八庙

脱地勾勒出一副相向平卧山顶、双脚相抵的裸体男女人形。一下惊得说不出话来。见状，乾隆忙问何故？

在活佛的指点下，乾隆也惊奇地发现，那挺立在磬锤峰顶的那个"石棒槌"，恰似平卧男人的阳具，天衣无缝，妙趣横生。而相向平卧的女人山形，连那对高耸的乳房也活灵活现。不由得暗暗称奇！

活佛说，这是难得一见的天地交合，阴阳合欢之象。遂奏请乾隆帝，依山建立一座寺庙，供奉藏佛教修炼密宗独有的"欢喜佛"。以遂天皇地母之愿，保子孙万代延绵不绝，乾隆当即采纳。命立即大兴土木，破土动工。并取范仲淹《岳阳楼记》中的"先天下之忧而忧，后大卜之乐而乐"的诗句，演化出普天同乐之意。钦定该寺庙为"普乐寺"。

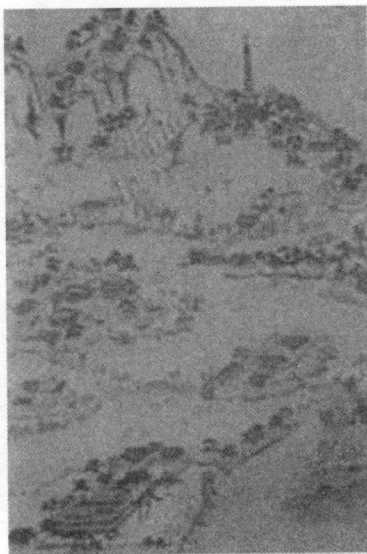

承德避暑山庄丝织挂锦

（二）土特产品

在山庄内外各旅游定点商店，可以买到蘑菇、大扁（杏仁）、榛子等地方特产，以及避暑山庄丝织挂锦、木雕、玉器、根雕、核皮工艺品、滕氏布糊画等具有地方特色的旅游纪念品。

1. 避暑山庄丝织挂锦

承德木雕

挂锦采用我国传统的"中堂画"表现形式，在淡黄色或浅灰色的缎面上，绘出一组组避暑山庄特有的山水园林建筑，亭台楼阁、山泉林瀑一应俱全。

图案色彩典雅清新，运用了宫廷画中典型的工笔写实手法，有鲜明的地域特征和民族风格。

2. 木雕

木雕是承德有名的工艺品，以承德山区特有的名贵木材为原料，制成手杖、家具或其他工艺品，并在上面雕刻出极具特色的图案。

承德手杖以山核桃壳和山城珍木"明开夜合木"为原料，山核桃壳是承德山区的一种土特产品，外壳质地坚硬，纹理清晰。"明开夜合木"是一种罕见的珍贵木料，它只生长在承德山区和避暑山庄内，木质洁白无瑕，细腻如玉，外观有如象牙一般。由这两种原料一同组成的手杖的杖柄上，还雕有承德名胜景物及蟠龙等图案，是走亲访友的上佳礼品。

此外，以"明开夜合木"为原料雕成的挂屏、座屏、插屏等，以及以本地的花榆木疙瘩、楸木、杏木为原料，雕制成的炕桌、圆桌、八仙桌、案几等，也都是承德木雕的代表。

3．滕氏布糊画

这是我国著名民间艺术家滕腾先生发明的新画种，它集绘画、雕塑、刺绣、裱糊、

承德木雕

相关资料

滕氏布糊画

剪纸等工艺之大成，用料讲究、色彩绚丽、做工细腻、画面逼真、取材新颖、适于珍藏。可谓是我国民间艺术的一朵奇葩，现已成为河北省最具实力的旅游产品。

布糊画的设计制作匠心独运，它在中国传统画的基础上，又加上了民间剪纸、刺绣、雕塑等创作技法。作品内容以人物花鸟、亭台楼阁为主，用料讲究、色彩绚丽，楼阁线条清晰多变，兼具西方油画效果，形成自己的独特风格。每一幅布糊画作品都是具有极高的装饰价值和收藏价值的艺术珍品。

"滕氏布糊画"目前有四大类百余个品种的高档艺术品和装饰品。其代表作有"龙凤壁""天下第一布糊寺""凤凰

滕氏布糊画是承德丰宁著名民间
工艺美术大师 滕腾先生发明的
新画种

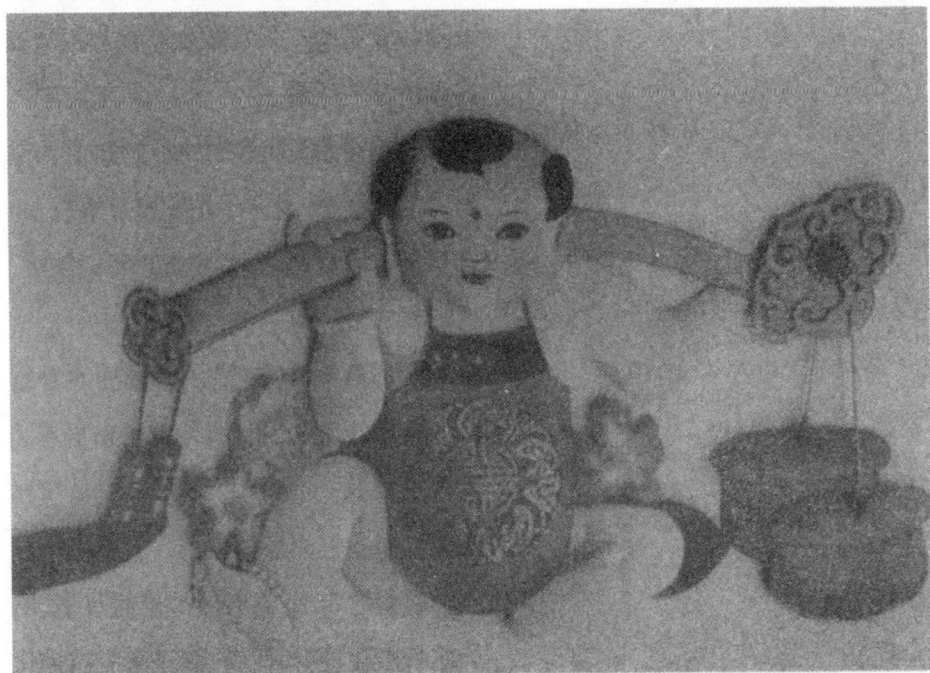

宝相瓶""大威德怖畏金刚"等。

4．北山大扁杏

大扁杏圆形的杏仁扁平肥大，营养丰富，含有大量的脂肪、蛋白质、糖分以及人体所需要的磷、钙、钾、铁等物质。既可生食，亦可制成杏仁霜、杏仁露等多种风味独特的食品和饮料。大扁杏仁的出油率为50％，不仅是优良食用油，也可用作精密仪器和军事工业所需的高级润滑油和涂锈剂，还可做生产化妆用品及高级油漆的原料。

大扁杏品质优良，仁肉兼用，它的果肉可制成杏干、杏脯、杏酱和杏罐头，也可用来造酒或制醋。常食杏干可以防癌。

5．榛子

榛子是承德特产之一。榛子本身富含油脂，使所含的脂溶性维生素更易为人体所吸收，对体弱、病后虚赢、易饥饿的人都有很好的补养作用。它的维生素E含量高达36％，能有效地延缓衰老、防治血管硬化、润泽肌肤。榛子里包着抗癌化学成分紫杉酚，它是红豆杉醇中的活跃成分，这种药可以治疗卵巢癌和乳腺癌以及其他一些癌症，可延长病人的生命期。中医认

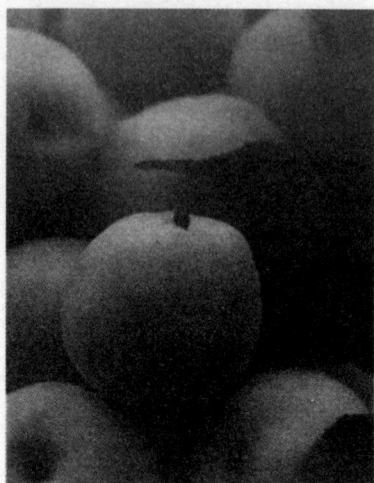

大扁杏

为，榛子有补脾胃、益气力、明目健行的功效，并对消渴、盗汗、夜尿频多等肺肾不足之症颇有益处。

（三）避暑山庄申请吉尼斯世界纪录

据统计，截至 2009 年 6 月，承德避暑山庄累计接待游客已突破 13 亿人次。据此，承德市文物局正式就"避暑山庄及周边寺庙"作为东方文化最大的文物载体和东方文化最大的传播基地，两项世界之最，向吉尼斯世界纪录发出申请。

世界遗产委员会对承德避暑山庄的评语是："建筑风格各异的庙宇和皇家园林同周围的湖泊、牧场和森林巧妙地融为一体。避暑山庄不仅具有极高的美学研究价

外八庙之普宁寺大雄宝殿

值，而且还保留着中国封建社会发展末期罕见的历史遗迹，集东方文化之大成。"与此同时，避暑山庄也在积极进行知识产权保护工作，目前全国有二十个左右以避暑山庄命名的景点，承德市文物局准备向这些"山寨避暑山庄"进行接洽维权。

（四）避暑山庄的碑刻文化及其历史价值

凡名胜古迹，多有碑刻。避暑山庄是清代皇家园林，现已成为中外驰名的游览胜地。它面积广大，地形复杂，山岳、平原、湖泊，应有尽有。建于其间的楼、台、殿、阁、亭、榭、堤、桥比比皆是。在宫庙殿宇之旁，山光水色之中，多有古碑石刻，它们或大或小，或横置或竖放，给古朴、幽美

承德安远庙之门

承德避暑山庄与外八庙

承德殊像寺内的牌匾据
说为康熙所书

的避暑山庄增添了许多雅趣。历史上称皇帝题写的碑刻为御碑。据有关文献记载，避暑山庄内原有御碑二十多座，另在石山上刻字五处。二十多座御碑中，有两座是清圣祖玄烨时期所立，其他都是清高宗弘历时期立的。现在保存下来的有十一座，其中九座比较完好，上面都是弘历的手笔。

1. 山庄现存御碑的概况

避暑山庄现存十一座御碑。从形制上分，有三座碑的高度小于宽度，呈卧式，所以俗称其为卧碑，它们分别是：绿毯八韵碑、古栎歌碑和林下戏题碑。其他八座均为竖碑，它们分别是文津阁碑、月台碑、锤峰落照碑，登高碑、永佑寺碑（二座）、避暑山庄后序碑和舍利塔碑。

从内容上分，有的为诗碑，有的为文

碑。诗碑多是皇帝的写景抒怀之作，描写了当时的景物，反映了作者的心情。文碑多是叙述某建筑物的建造原因和经过以及有关的事件。就文字上说，多用汉文书写，也有的兼用满、汉两种文字，还有的满、汉、蒙、藏四种文字并用，这正是我国多民族大家庭的历史见证。

从美术角度看，碑首、碑趺上都有雕刻，有龙、有凤、有鹿、有鹤，花草树木相错，各色人物齐全，刻工精细，栩栩如生，是极好的工艺美术佳作。就书法来看，字迹端庄秀丽，笔锋遒劲有力，许多人为能够得到一张拓片而欢欣鼓舞。这些御碑在风景如画、文物古迹遍地的避暑山庄内，并不十分引人注目，但它们却和那些匾额、楹联一样，是这座皇家苑囿中不可缺少的一部分，它既能起到画龙点睛、情景交融的作用，使古建、园林更富诗情画意，又是"金石补史"的宝贵资料，还是难得的艺术珍品，所以历来被文人学士所重视。

承德避暑山庄普宁寺碑亭

2. 山庄现存御碑简介

（1）绿毯八韵碑

绿毯八韵碑坐落在澄湖的北岸、万树园的南端。通高 254 厘米，其中碑首高 74

绿毯八韵碑

厘米，碑趺高 82 厘米，碑身高 98 厘米，碑身宽 198 厘米，厚 40 厘米。面南额首上雕刻着祝寿图，碑趺上有八仙。其人物雕刻得情状飘逸，神态潇洒，眉眼传神，口鼻有情，颇有呼之欲应、煽之欲动之势。面北额首上雕刻的蝙蝠翔姿逼真，碑趺上雕刻的麋鹿悠然自若。碑上的整个图案象征着福、禄、寿。碑身面南镌刻七言诗《绿毯八韵》一首，面北镌刻五言诗《平旦》一首。字迹清秀，都是乾隆四十六年六月乾隆皇帝所作。前一首赞美这里土肥草丰，同时标榜自己节用爱民、与民同乐的"俭德"。后一首则着力描绘山庄的平旦：清晨，金色的太阳升起，空气清爽新鲜，露珠晶莹，草木泛香，鸟雀高歌，鹿兔徜徉。诗中还描写乾隆皇帝自己，虽年过古稀，仍身体康健，整日孜孜不倦，处理朝政。

（2）舍利塔碑

在永佑寺舍利塔后屹立着舍利塔碑。此碑通高 574 厘米，其中碑首、碑趺各高 137 厘米，碑身高 300 厘米，碑身宽 174 厘米，厚 77 厘米，碑首、碑趺各宽 206 厘米，厚 109 厘米。面南镌刻弘历御制《永佑寺舍利塔记》，面北镌刻御制《避暑山庄百韵诗序》。

高耸入云的舍利塔为避暑山庄增添了光彩，它将更有效地起到团结厄鲁特蒙古等少数民族的作用。

（3）文津阁碑

文津阁碑坐落在文津阁东的碑亭中，现在碑亭已经无存，高大的石碑却还巍然地矗立在方形的台基上。此碑通高 532 厘米，其中碑首、碑趺各高 120 厘米，宽 138 厘米，厚 58 厘米。碑首、碑趺和碑身周边雕刻着精美的蟠螭纹和雷纹图案。正面，用汉、满两种文字镌刻着弘历于乾隆三十九年（1774 年）撰写的《文津阁记》，它记述了营造文津阁的目的和意义。文津阁和北京旧紫禁城的义渊阁、圆明园的文源阁和沈阳故宫的文溯阁一样，是专贮《四库全书》的，而《四库全书》又为居于"塞外伊古荒略之地"的热河增添了文采，使之更加"地灵境胜"。

永佑寺舍利塔

（4）登高碑

登高碑现倒在锤峰落照亭西南的草莽中，已十分残破。碑身高约二米，宽约一米。仰面镌刻七言诗一首，此诗共二十四句，落款有"辛丑九月九日登高"字样。

辛丑即乾隆四十六年（1781 年）。这首诗是弘历于乾隆四十六年九月九日登高时所作。他在诗中描绘了登高所见到的景色，抒发了自己的感受，并从天高、地高、君高、名高、言高、曲高、堂高七个方面阐明了"高"与"下"的辩证关系。

（5）锤峰落照碑

锤峰落照碑现倒在锤峰落照亭东的尘埃中，已经残破不堪。从残存的部分观察，其碑首雕刻着两只凤凰。碑身仰面有五言诗一首，共十六句，落款有"乾隆甲戌年大暑"字样。乾隆甲戌年是乾隆十九年（1754 年）。诗中描绘了傍晚时分，弘历登锤峰落照亭观赏磐锤峰的情景。那时，夕阳西下，残阳如血，太阳的余辉照

锤峰落照

承德避暑山庄与外八庙

在东边山上，使高高耸立的磬锤峰沐浴其中，十分迷人。

（6）月台碑

在巍巍的文津阁前，隔水池是嶙峋的假山，假山东部有个长宽不足丈的矩形平台，台中竖着一座石碑，此即月台碑。这座碑通高 212 厘米，其中碑首、碑趺各高 46 厘米，碑首、碑身、碑趺分别宽 116、77、90 厘米，碑首、碑趺各厚 52 厘米，碑身厚 38 厘米。碑首前后和碑趺四面雕刻着活泼的夔龙图案，其龙头形象逼真，龙身、龙尾自然而又丰满，碑身西面镌刻"月台"两个大字，其他三面分别镌刻弘历的三首诗。

（7）永佑寺碑

永佑寺在避暑山庄万树园的东部，建于乾隆十六年（1751 年）。前殿丹墀上列石碑两座，此即永佑寺碑。两座石碑形制、尺寸完全相同，仅碑身高 298 厘米，宽 158 厘米，厚 70 厘米。碑首由四条蟠龙组成。碑身周边雕刻着十四条龙纹图案。中间恭镌御制《永佑寺碑文》，东边一座前为满文，后为蒙文；西边一座前为汉文，后为藏文。现在，永佑寺除后边的舍利塔

峰落照亭

古栎歌碑

外，其他建筑都已无存，两座石碑还很完整。

（8）古栎歌碑

古栎歌碑在碧峰门的北边。它坐北朝南，通高254厘米，其中碑首高74厘米，碑趺高82厘米，碑身高98厘米，碑身宽198厘米，厚40厘米。面南额首和碑趺上都雕刻着人物，达19人之多。虽然已经辨不清面目，但从残留部分也可以看出，他们神情姿态各异，惟妙惟肖。面北额首上雕刻着祥云飞鹤，碑趺上雕刻着水波鱼龙，十分生动。此碑碑身的前后左右及碑首、碑趺的东侧共有八首诗，除碑趺东侧的《林下一首》为嘉庆颙琰所题，其他都是弘历的手笔。

（9）避暑山庄后序碑

避暑山庄后序碑原坐落在永佑寺宝轮殿之前，碑身高256厘米，宽116厘米，厚58厘米。碑首为一条蟠龙。碑首、碑身和碑趺全由汉白玉石雕刻而成，是山庄诸碑刻中仅有者。

《避暑山庄后序》是弘历于乾隆四十七年（1782年）七月下旬撰写的，文中叙述了其祖父康熙皇帝玄烨和他自己建造、经营避暑山庄的目的及意义在于习武、诘戎、绥远。说明他的父亲雍正皇帝胤禛在位十三年，虽然未来山庄，但对山庄及木兰围场是很重视的，他常教诲他的后人要"习武木兰，毋忘祖宗家法"。最后，弘历告诫其子孙，避暑山庄虽美，但万万不可沉溺于享乐，而要牢牢记住先帝的遗愿。

（10）林下戏题碑

林下戏题碑掩映在松云峡苍蔚的松林之中。通高 254 厘米，其中碑首高 74 厘米，碑趺 82 厘米，碑身高 98 厘米，碑身宽 198 厘米，厚 40 厘米。碑的额首上雕刻着流云飞鹤，碑趺雕刻着水波鱼龙。碑身前后左右、碑首和碑趺西侧共有诗七首，其中六首为弘历所题，另一首是嘉庆帝颙琰补题的。这七首诗写于清乾隆四十年到嘉庆十一年（1775—1806 年）之间，历时三十一年。

碑的北面，有一条用条石铺砌的御道，直通山庄的西北门。当年弘历常顺此御道出山庄，到坐落在山庄北面的须弥福寿、普陀宗乘、殊像寺、罗汉堂等庙去拈香拜佛。銮舆过此，经常要停在树下休息，饱

林下戏题碑

相关资料

承德避暑山庄外八庙
普陀宗乘之庙大红台

览山中风景，吟诗作赋。

3. 山庄现存御碑的历史价值

避暑山庄的碑刻虽仅有二百多年的历史，其中的诗、文从文字角度看，并不算美，有的甚至显得有些蹩脚，但从历史角度看，却有着很高的史料价值。

（1）有的碑文极形象、生动地再现了避暑山庄当年的自然风貌，为研究避暑山庄提供了丰富的史料。如《绿毯八韵》诗，描绘了万树园南端草地的风貌。《林下戏题》《古栎歌》和《山中》等诗又告诉我们：那里有劲松，有古栎，它们生长得高大、茂盛，"与云霞护鹿豕游，风为羽仪龙作骨"。

（2）有的碑文反映了当年皇帝的生活与思想，因此，它们是沉默的历史见证者。作为封建皇帝的弘历，时刻不忘享乐，在偌大的避暑山庄里，他尽情地消遣，时而游湖泛舟，时而漫步草地，时而登高赏景，诗词歌赋，舞文弄墨。在这之中，他的思想感情尽情流露。《古栎歌》《锤峰落照》诗反映了他思想中某些辩证的因素，《林下戏题》反映了他既要执政，又渴望安逸的矛盾心情。

承德避暑山庄文津阁

（3）有的碑文反映了某些古建、园林的营造情况及其特点，是研究山庄古建、园林不可多得的辅助材料。《舍利塔记》记叙了建塔时几拆几易的过程。月台碑上的几首诗告诉我们，文津阁不仅仅是仿照范钦的天一阁而建，还融汇了米芾宝晋斋的意境。这是从别的地方难以找到的资料。

（4）有的碑文反映了一些具体事件，比如文津阁是为贮放《四库全书》而建的。

（5）有的碑文反映了清王朝的兴衰历史。比如林下戏题碑上的几首诗，跨越了从乾隆四十年到嘉庆三年共二十三年时间，这正是清王朝由盛而衰的阶段，作者虽是当"林下人"而抒发自己的感情，但字里行间却流露出白莲教农民起义给统治

修缮中的承德避暑山庄外八庙普陀宗乘之庙

者带来的忧虑和恐惧，从而揭示了清王朝走向没落的必然趋势。

综上所述，避暑山庄的碑刻虽然不过是封建皇帝舞文弄墨的产物，但却有其独特的历史价值。因此，它们是研究避暑山庄和有关历史的宝贵资料，必须加强保护和研究。

（五）承德避暑山庄的抢救与维护

1. 措施与计划

(1) 建立和健全管理机构

1949 年即建立了热河省古文物保管所。1954 年，成立热河省文物管理委员会。1961 年，成立避暑山庄博物馆。1975 年，成立承德市文物事业管理局 (1985 年改称文物园林管理局)，统一管理避暑山庄及周围寺庙。1991 年，经国家民政部批准，成立了全国性社团组织"中国避暑山庄外八庙保护协会"。

（2）制定一系列法律、法规

1953 年，中央政府文化部发出《关于保护热河承德古建筑及文物的通知》。1961 年，国务院将避暑山庄及周围寺庙中的普宁寺、普乐寺、普陀宗乘之庙、须弥福寿之庙列为第一批全国重点文物保护单位。1982 年，又将其列入全国 44 个风景名胜保护区之一。全国人大常委会、国务院、国家建设部、河北省政府先后颁布了《中华人民共和国文物保护法》《文物保护法实施细则》《风景名胜区管理暂行条例》《河北省文物保护管理条例》等法律、法规。河北省政府颁布的《河北省国家级、省级文物保护单位保护范围及建设控制地带》中明确规定了避暑山庄及周围寺庙的保护范围。承德市人民政府两次颁布《关于加强对避暑山庄外八庙管理的通告》，对加强管理工作做出了具体规定。

（3）制定可行规划，积极抢救维修

1976 年国务院批准实施第一个《避暑山庄外八庙十年整修规划》，1986 年开始

承德避暑山庄外八庙
之普宁寺

相关资料

承德避暑山庄外八庙普宁寺
屋顶

实施第二个十年整修规划。两个规划明确了抢救、整修的保护原则，国家和地方政府相继投资一亿多元人民币，直接用于古建维修和园林整治，并投入大量资金用以改善保护区周围环境。

(4) 加强保护区环境的综合治理

在保护范围内，停建、拆除了一批有碍文物景观的现代建筑，严格禁止开山、打石、取土、砍伐、放牧等。在严格封山育林、禁止砍伐林木的基础上，积极绿化保护区周围荒山荒坡，增加植被。1949年到1992年共栽植树木1500万株，使城市绿化覆盖率达46%。同时，还在流经市区的武烈河上，营建了两道橡胶坝，蓄水量达26万平方米，改善了生态环境。

改善大气环境，降低烟尘排放量。推行小区联片采暖，建设集中供热工程。

2. 保护历程记

从1976年开始，承德市对避暑山庄实施了五次大规模的非文物建筑拆迁工程。

第一期是将山庄内的单位和居民迁出。

第二期是在申报世界遗产期间，拆除

非文物建筑约 20000 平方米。

承德避暑山庄的一段宫墙

第三期是 1999 年山庄东路的拆迁。一次性拆除了山庄宫墙外围非文物建筑 2.3 万平方米，搬迁 155 户居民和 15 个单位。

第四期是 2000 年到 2001 年对丽正门到德汇门之间进行拆迁改造，对小溪沟武庙地段、马市街地段、粮市北山地段、于家沟小区地段等五片大规模拆迁改造。

第五期是 2002 年对山庄办公楼、动物园、离宫宾馆、古建楼 25000 平方米进

承德避暑山庄云山胜地楼

行拆除，拔掉烟囱69根，搬迁5个单位，33个住户。

1994年避暑山庄及周围寺庙被列入世界遗产名录，这对避暑山庄和外八庙的保护工作提出了更高的要求。2003年7月18日河北省第十届人民代表大会常务委员会第四次会议通过《承德避暑山庄及周围寺庙保护管理条例》。

2003年，承德市以避暑山庄肇建三百年为契机，对其进行了一次大规模保护性抢修和油饰保养。钟楼、澹泊敬诚殿、四知书屋、烟波致爽殿、云山胜地等景观已经恢复了康乾盛世时的原有风貌。涌翠岩古建维修完工，听瀑、观瀑、瀑源及山间的笠云等数座小亭共同构造成极富诗意的小型园林式庭院。

随着这些工程的完工，历史上康乾七十二景已经恢复了五十六景，而望源亭、晴碧亭、水心榭牌楼等康乾七十二景之外的二十处文物古迹也已恢复原貌。

3．成果

（1）重现当年的山形水系

在历史上，避暑山庄有"山庄以山为名，而胜趣实在水"的说法。也就是说，水景才是避暑山庄里最动人的地方，也是山庄内众多园林景观的灵魂主线和生命源泉。据记载，山庄里的湖区原本由八大湖泊构成，分别是镜湖、银湖、上湖、下湖、如意湖、澄湖、内湖、半月湖，而湖水的来源则由三个部分组成：山庄外武烈河的河水、山庄内的泉水以及自然降雨。武烈河水从山庄的北面进入山庄内部，流经八个湖泊，又从南面流回到武烈河。但是，大约在一百五十年前，由于常年不进行疏通，山庄里原来的引水系统渐渐被淤塞了，山庄的湖区由活水变成了死水，最后造成了内湖和半月湖两个湖泊也被埋没在了地下。

承德避暑山庄湖区山石风光

为了恢复避暑山庄原有的引水系统，2002 年 4 月开始实施山庄的引水工程。整个工程耗时一年，共清挖水系 2152 延长米，挖掘面积达 13 万平方米，挖掉了 5 座障景的土山，恢复了 42 亩湖面，不仅把失去的内湖和半月湖重新找了回来，而且还复原了当年"乾隆射箭图"中描绘过的山庄的历史风貌：从万寿园望去可以一眼看见所有的沿线风景。避暑山庄内部的山形水系基本上恢复到了康乾盛世时的模样。

外八庙普陀宗乘之庙碑亭

（2）康乾七十二景恢复五十六景

2002 年，承德市投入 3000 万元对避暑山庄和外八庙的古建筑群进行了复原和维修工作，著名的康乾七十二景自然是其中的重中之重。

此次工程，康乾七十二景一共复原了十五景。其中康熙三十六景复原了八处，包括澄波叠翠、泉源石壁、松鹤清樾、风泉清听、香远益清、云容水态、石矶观鱼、远近泉声；乾隆三十六景复原了七处，分别是涌翠岩、驯鹿坡、试马埭、万树园、知鱼矶、青雀坊、般若相。自此除了山区之外，避暑山庄平原和湖区部分的景点基本上都被复原了。加上原来保存的景点，整个康乾七十二景恢复到了五十六景。

除此之外，避暑山庄和外八庙还复原了望源亭、依绿斋、普陀宗乘之庙（小布达拉宫）的千佛阁、须弥福寿之庙（班禅行宫）的西侧驮包房围墙等二十多处景点和旷观桥等四座古桥。此外，维修的古建筑更是达到六十三项之多，正宫区组群、普陀宗乘之庙的大红台等著名建筑都得到了妥善的维修和保养。